सीताराम

तुलसीदास
कृत

सुन्दरकाण्ड

(रामचरितमानस : पञ्चम सोपान)

Sundarakāṇḍa

The Fifth-Ascent
of
Tulsi Rāmāyana

Composed by
Tulsīdās

Published by: only **RAMA** only
(an Imprint of e1i1 Corporation)

Title: **Sundarakanda**
Sub-Title: **The Fifth-Ascent of Tulsi Ramayana**

Author: **Goswami Tulsidas**
Translator: **Subhash Chandra**
Cover Design: **Sushma**

Copyright Notice: **Copyright © e1i1 Corporation © Subhash Chandra**
All rights reserved. No part of this publication may be reproduced, distributed, or transmitted in any form or by any means, including photocopying, recording, or other electronic or mechanical methods.

Identifiers
Library of Congress Control Number: **2017910076**
ISBN: **978-1-945739-05-7** (Paperback)
ISBN: **978-1-945739-15-6** (Hardcover)

—o—

About the Book: Sundarakāṇḍa is the Fifth Canto of Rāmacaritamānas (the Glorious-Lake of the enactments of Lord God Rāma), the Awadhi rendering of the Ramayana narrative composed by medieval saint Tulsīdās.

Our bilingual edition contains a word-to-word Transliteration alongside the Original Devanagari Text. An English Translation in natural communicative style follows group of verses.

About the Author: Goswāmī Tulsīdās (1497-1623), a poet-saint, reformer and philosopher of India is renowned for his devotion to Lord Rāma. A composer of several popular works, he is best known as the author of the Epic: Rāmacaritamānas. He has been acclaimed as one of the greatest poets in Indian and world literature.

—o—

www.**e1i1**.com -- www.**OnlyRama**.com
email: **e1i1**books**e1i1**@gmail.com

Our books can be bought online, or at Amazon, or any bookstore. If a book is not available at your neighborhood bookstore they will be happy to order it for you. (Certain Hardcover Editions may not be immediately available—we apologize) Some of our Current/Forthcoming Books are listed below. **Please note that this is a partial list and that we are continually adding new books.** Please visit www.e1i1.com / www.onlyRama.com for current offerings.

- **Tulsi Ramayana—The Hindu Bible:** Ramcharitmanas with English Translation & Transliteration
- **Ramcharitmanas:** Ramayana of Tulsidas with Transliteration (in English)
- **Ramayana, Large:** Tulsi Ramcharitmanas, Hindi only Edition, Large Font and Paper size
- **Ramayana, Medium:** Tulsi Ramcharitmanas, Hindi only Edition, Medium Font and Paper size
- **Ramayana, Small:** Tulsi Ramcharitmanas, Hindi only Edition, Small Font and Paper size
- **Sundarakanda:** The Fifth-Ascent of Tulsi Ramayana
- **RAMA GOD:** In the Beginning - Upanishad Vidya (Know Thyself)
- **Purling Shadows:** And A Dream Called Life - Upanishad Vidya (Know Thyself)
- **Bhagavad Gita, The Holy Book of Hindus:** Original Sanskrit Text with English Translation & Transliteration
- **Bhagavad Gita, Sanskrit:** Original Sanskrit Text with Transliteration – No Translation –
- **My Bhagavad Gita Journal:** Journal for recording your everyday thoughts alongside the Bhagavad Gita
- **Rama Hymns:** Hanuman-Chalisa, Rāma-Raksha-Stotra, Bhushumdi-Ramayana, Nama-Ramayanam, Rāma-Shata-Nama-Stotra, etc. with Transliteration & English Translation
- **Rama Jayam - Likhita Japam :: Rama-Nama Mala (several):** Rama-Nama Journals for Writing the 'Rama' Name 100,000 Times
- **Tulsi-Ramayana Rama-Nama Mala (multiple volumes):** Legacy Journals for Writing the Rama Name alongside Tulsi Ramayana
- **Legacy Books - Endowment of Devotion (multiple volumes):** Legacy Journals for Writing the Rama Name alongside Sacred Hindu Texts

— CONTENTS —

श्रीरामचरितमानस - पञ्चम सोपान – सुन्दरकाण्ड - १५
śrīrāmacaritamānasa pañcama sopāna - sundarakāṇḍa - 15
(Devanagari with English Translation/Transliteration)

—o—

For the benefits of Expert Readers
—who wish to make the recital uninterrupted of Transliteration & Translation—
we have, in below sections, replicated the text just in Devanagari Script

श्रीरामचरितमानस - चतुर्थ सोपान – किष्किन्धाकाण्ड - ८१
śrīrāmacaritamānasa caturtha sopāna - kiṣkindhākāṇḍa - 81
(Devanagari only)

श्रीरामचरितमानस - पञ्चम सोपान – सुन्दरकाण्ड - ८७
śrīrāmacaritamānasa pañcama sopāna - sundarakāṇḍa - 87
(Devanagari only)

—o—

— Other Contents —

- FRONT -
About Sundarakānda Pātha

- BACK -

श्री रामायण आरती . śrī rāmāyaṇa āratī

श्री हनुमान चालीसा . śrī hanumāna cālīsā

श्री हनुमान आरती . śrī hanumāna āratī

जय जगदीश हरे आरती . jaya jagadīśa hare āratī

श्री राम-स्तुति . śrī rāma-stuti

श्री हनुमान-स्तुति . śrī hanumāna-stuti

About Rāmcharitmānas and Tulsīdās
Guide to Pronunciation

About the Sundarakāṇḍa Pātha

I reverence Lord Harī, known by the name of **Shri RĀMA**; the Supreme causative Cause; whose Māyā holds sway over the entire world, upon every being and supernatural beings from Brahmmā downwards; whose feet are the only bark for those eager to cross this ocean of mundane existence; who burns all the impurities of the Kali-Yug; by whose favor even the dumb become eloquent and the cripple ascend mountains.

May He—who neither rejoiced when anointed king, nor was saddened by a painful exile to forest—that bright Sun of solar dynasty, the Holy Son of Raghu's lineage—He **RĀMA** of lotus face—may He ever remain the conferrer of felicity and everything good, auspicious, redeeming in my life.

Such souls are truly blessed: who drink of the nectar which is the Name '**RĀMA**'—which nectar has been churned out of the all-pervading ocean of Brahmn—which nectar may be availed of as much as desired but never becomes depleted—which nectar remains ever present on the moon-like beautiful face of **Lord Shankar** increasing his beauty—which nectar is the sole remedy for all worldly afflictions—which nectar is the provider of all bliss—which nectar is the very life of mother **Jānakī Sītā**.

Him I venerate—with His body dark and soft as the lotus, with graceful bow and arrows in His hand, with Sītā enthroned on His left side—**Shrī RĀMA**, the Lord of Raghu's race. And I venerate **Shrī Sītā**: the beloved consort of **RĀMA**; the responsible cause of creation, sustenance and dissolution of the universe, who removes all afflictions and begets every blessing. May the beautiful merciful duo of **SĪTĀ-RĀMA**—the sweet, gracious twosome—be moved to pity.

Blessed is our Lord God **SĪTĀ-RĀMA** and blessed the devotees of **SĪTĀ-RĀMA**: who remain ever absorbed in the joy of devotion to their Lord; who have thrown their heart as fish into the nectarine lake of love for the beautiful name **SĪTĀ-RĀMA**—two redeeming words, easy to remember, most delightful to hear, utter, chant; which satisfy every wish, and are the highest gain in this world and the next.

Blessed are such noble souls, who have heard the word, and who now understand, and who find themselves almost there, or who, in the spirit of devotion, have taken their first plunge—but the blessed-most are those who have already attained eternal happiness in the sea of serenity called Sītā-Rāma.

But what about the rest of us? How will I secure my own release from this endless cycle of transmigration? Having Bhakti and submission to our Lord is the surest means of gaining deliverance from the cruel cycle of births and deaths—easy to say, but how do we actually attain to that? How far is it from here to there? And how do we get there? Who will be gracious to us? Who will inspire us with devotion to the lotus feet of Shrī Sītā-Rāma? In these difficult times, how is one to inculcate Devotion to the Lord's feet, and furthermore sustain it?

The answer to everything is Tulsīdās' Rāmacaritamānas.

Yes, Rāmacaritamānas—the divine song which emerged from the beautiful Mānas Lake of Lord Shiva's soul—which is the celestial river replete with Rāma's bright renown that has been in a relentless flow for eons—in whose holy torrents are swept away all the impurities of the Kali-Yug, whether they be in the form of tiny blades of grass or mighty trees tall—and in the proximity of which you find your soul swelling in an overflowing current of ecstatic devotion—and submerged in whose streams you find your heart welling up with rapture and joy.

Rāmacaritamānas is the holy water of divine enactments and stories of Lord Rāma: which deeds were recorded by Lord Shiva Himself, and which have percolated down to us through several different narrators—with Goswāmī Tulsīdās being the latest in the long chain. Tulsīdās recorded the Rāmacaritamānas in his rustic poetry and his books are like pitchers full of ambrosia for gaining everlasting peace within our souls.

As millions over the ages have discovered and aver, the Holy Scripture Rāmacaritamānas imparts Bhakti. Its recitation helps us inculcate the habit of constantly remembering Bhagwān Shri Rāma: to focus our minds upon Him and His Holy Name. This is the supreme easy path of Hinduism known as Bhakti-Yog—finding God through Devotion. Bhakti for Sītā-Rāma-Hanumān, is the infallible remedy for all worldly ills and misfortunes which you find spreading like wildfire in this Kali-Yug.

And not just giving the highest bliss of Bhakti, Rāmacaritamānas also imparts emancipation. In fact it delivers at every level—be it spiritual or worldly. After a hard day's toil, one finds a fount of rejuvenation within the verses of Tulsīdās; and just as a fish feels natural when submerged in water, so too our souls feel invigorated upon taking a dip in the Sea of Bliss called Rāma—which Ocean exists within Rāmacaritamānas.

For those who may perhaps not know, Goswāmī Tulsīdās, the sixteenth century saint, is one of the greatest saints, poets, philosophers and blest souls to have visited our earth in recent past. No ordinary mortal, Tulsīdās was verily an apostle of God sent down to spread the message of love, devotion and faith towards the Supreme Being Parameshwar Shrī Rāma.

Tulsīdās was a great Rishī and Mantra-srishtā; his intellect and poetical faculty were clear, bright, profound, and his style most unique; for even though the sagas of Rāma have been handed down generation after generation, through long chains going back many ages—they really come to life in the poesy of Tulsīdās, who was an extraordinary seer who could clearly perceive within his mind's eye to what had transpired eons ago. He actually saw in his visions what he then went on to transcribe.

Tulsīdās brought Rāmacaritamānas, the divine song—issuing as it did from the Mānas Lake of Shiva's soul—down upon earth for the benefit of us all; and with the blessings of Lord Shiva, the verses of Rāmacaritamānas have acquired the power of Mantras; each verse within Rāmacaritamānas is like a Siddha-Mantra—and to this fact multitudes of people have testified over the centuries.

Not only does Rāmacaritamānas bring the Supreme Being nearer to our hearts than ever before—making spiritual liberation and deliverance easily available—but the worldly benefits she brings to us are endless too. As myriads of devotees have verified through experiences of direct grace, Rāmacaritamānas, the Epic of Rāma, is like a Kāmadhenu—the celestial cow—which yields whatever the devotee seeks from her, be it some worldly remedy or spiritual enlightenment.

Amongst the people, Sundarakāṇḍa, the fifth ascent into Rāmacaritamānas has become the most popular Canto of the great Epic. Often it is sung independently and is considered a book in itself. It is called Sundara because it is Beautiful, and it is Beautiful for its various reasons—especially since the sorrowful events of Ayodhyā-Kānd, this episode rekindles hope.

The central figure of this Canto is undoubtedly the valiant hero Hanumān—the abode of virtues and the foremost amongst the wise; our repeated obeisance to the most beloved devotee of Shrī Sītā-Rāma: Shrī Hanumān, the son of wind-god, chief of monkeys possessing immeasurable might, of a body like a mountain of fiery gold—a veritable wildfire to the forest of wickedness.

As everyone knows Sundarakāṇḍa is replete with diverse hues—just as is life. In it there is valor, there is pathos, there is despair, there is hope, there is the meeting of son with mother for the first time, there is love, there is the communion between the Lord and His devotee, there is the priceless reward of Rāma Kripā—which Sītā bestows upon Hanumān, and there is the material reward—which Rāma confers upon Vibhishan in the form of sovereignty over Lankā.

The Fifth Canto of Rāmacaritamānas bridges many ends and in it one finds many wishes being granted—which span the spectrum of human desires. In the same vein numerous Rāma devotees over the centuries have averred—after direct realization—that the Pāṭha (recitation) of Rāmacaritamānas (or her proxy, the Sundarakāṇḍa) has the power to grant you any wish which you harbor in your heart; and during their recitation they use the Sampuṭs of certain verses taken from within the Rāmacaritamānas to get their desired end.

Sampuṭ or Sampuṭikaran is a Mantra which adds potency to the verses being hymned; in essence, it is a Mantra within a Mantra. Considered very powerful, Sampuṭ Mantras are mostly Chaupaīs or Dohās from within the Rāmacaritamānas itself, or they are the various chants of 'Rāma'—the King of Holy Mantras.[*]

---

[*] Go to www.youtube.com and search on sundarkand and to find many videos on how Sampuṭs are used. In the footnotes we have illustrated use of certain Sampuṭs; and you will find their accurate rendition in a 2Hr:19min video by Bharat Bhai Sadhu [search for **sundarkand bharat bhai sadhu sunderkand parivar**]. That video parallels this book. Further, we encourage you to post your own renderings of Sundarakāṇḍa on You-Tube to inspire others.

During the recitation a Samput will mostly be added at the end of a Dohā, or sometimes at the end of every Chaupaī as well. There are also other methods of Sampuṭi, like taking one line from one Samput and combining it with another.

There are many Mantras in Rāmacaritamānas which are used to ward off troubles and afflictions as well as to gain the favor of our Lord God. For instance many parents will do the Pāṭha of Sundarakāṇḍa on the birthday of their children or loved ones using the following Samput Mantra:

अजर अमर गुननिधि सुत होहू । करहुँ बहुत रघुनायक छोहू ॥
ajara amara gunanidhi suta hohū, karahuṁ bahuta raghunāyaka chohū.

which means: **May you, O dear, become ageless, deathless and a treasury of virtues—and the very beloved of Shri Rāma.** This is the boon which mother Sītā bestows upon Hanumān in verse 5.17.3 of Rāmacaritamānas (the 3rd Chaupaī leading up to Dohā 17 of the Fifth Canto, Sundarakāṇḍa).

Similarly, to gain the favor of Lord God and for the welfare and general well-being of their family, people will add the following Samput Mantra during their weekly Sundarakāṇḍa Pāṭha:

मंगल भवन अमंगल हारी । द्रवउ सो दसरथ अजिर बिहारी ॥
maṁgala bhavana amaṁgala hārī, dravau so dasaratha ajira bihārī.

meaning: **He, who is the bane of all woes and an Abode of Bliss, who sports in the courtyards of King Dasrath, may that compassionate [child] Rāma, be ever kind to me.** This verse is spoken by Lord Shiva to Umā at Rāmacaritamānas 1.112.4.

As you begin this recitation, we give below a few of the popular Sampuṭs that have been in prevalent use amongst devotees for centuries—in the hope that you will find them useful:

श्रीराम जयराम जय जय राम
śrīrāma jayarāma jaya jaya rāma

सिया राम सिया राम
siyā rāma siyā rāma

श्री राम: शरणं मम:
śrī rāmaḥ śaraṇaṁ mamaḥ
(I surrender myself & take shelter of Lord God Shrī Rāma)

जय सियाराम जय जय सियाराम
jaya siyārāma jaya jaya siyārāma

राम हरे राम हरे
rāma hare rāma hare

जय जय सीताराम
jaya jaya sītārāma

जय जय सीताराम तुलसी
jaya jaya sītārāma tulasī

जय हनुमंते
jaya hanumaṁte

जय सियाराम सियाराम सिया राम, जय सियाराम सियाराम
jaya siyārāma siyārāma siyā rāma, jaya siyārāma siyārāma

जय सिया राम राम, जय सिया राम
jaya siyā rāma rāma, jaya siyā rāma

जय जय सीताराम, जय जय सीताराम
jaya jaya sītārāma, jaya jaya sītārāma

राम सियाराम सियाराम जय जय राम राम, राम सियाराम सियाराम जय जय राम
rāma siyārāma siyārāma jaya jaya rāma rāma, rāma siyārāma siyārāma jaya jaya rāma.

सीताराम सीताराम सीताराम राम राम, रामराम रामराम रामराम सीता राम
sītārāma sītārāma sītārāma rāma rāma, rāmarāma rāmarāma rāmarāma sītā rāma

सियावर रामचंद्र पद जय शरणं सीताराम
siyāvara rāmacaṁdra pada jaya śaraṇaṁ sitārāma

सियावर राम जय जय राम, मेरे प्रभु राम जय जय राम
siyāvara rāma jaya jaya rāma mere prabhu rāma jaya jaya rāma

मंगल भवन अमंगल हारी । द्रवउ सो दसरथ अजिर बिहारी ॥
maṁgala bhavana amaṁgala hārī, dravau so dasaratha ajira bihārī.
(He who brings auspiciousness and defeats ills, may that child [Rāma] sporting in Dasrath's court have mercy)

अजर अमर गुननिधि सुत होहू । करहुँ बहुत रघुनायक छोहू ॥
ajara amara gunanidhi suta hohū, karahuṁ bahuta raghunāyaka chohū.
(May you become ageless, deathless, treasury of virtues; and the very beloved of Shrī Rāma, dear)

राजिवनयन धरें धनु सायक । भगत बिपति भंजन सुख दायक ॥
rājivanayana dhareṁ dhanu sāyaka, bhagata bipati bhaṁjana sukha dāyaka.
(Our lotus-eyed Lord—who bears bow and arrows—destroys all troubles and imparts happiness)

जौं प्रभु दीनदयालु कहावा । आरति हरन बेद जसु गावा ॥
jauṁ prabhu dīnadayālu kahāvā, ārati harana beda jasu gāvā.
(You are the protector of the weak—so the Vedas declare—O Lord take away my anguish)

जपहिं नामु जन आरत भारी । मिटहिं कुसंकट होहिं सुखारी ॥
japahiṁ nāmu jana ārata bhārī, miṭahiṁ kusaṁkaṭa hohiṁ sukhārī.
(We are in great distress and therefore chant your name; O Lord, remove our troubles and grant us felicity)

दीन दयाल बिरिदु संभारी । हरहु नाथ मम संकट भारी ॥
dīna dayāla biridu saṁbhārī, harahu nātha mama saṁkaṭa bhārī.
(Lord, you are the protector of weak, and destroyer of obstacles, please remove this great danger that has befallen me)

हनुमान अंगद रन गाजे । हाँक सुनत रजनीचर भाजे ॥
hanūmāna aṁgada rana gāje, hāṁka sunata rajanīcara bhāje.
(When Hanumān and Aṁgad roared in the battle field, all the wicked devils ran away in fear)

About Sundarakāṇḍa Pāṭha

सकल बिघ्न ब्यापहिं नहिं तेही । राम सुकृपाँ बिलोकहिं जेही ॥
sakala bighna byāpahiṁ nahiṁ tehī, rāma sukṛpāṁ bilokahiṁ jehī.
(No troubles ever befall one upon whom Shrī Rāma showers His gracious glance)

दैहिक दैविक भौतिक तापा । राम राज नहिं काहुहि ब्यापा ॥
daihika daivika bhautika tāpā, rāma rāja nahiṁ kāhuhi byāpā.
(In the Kingdom of Rāma, there is never any body-given, god-given, man-given afflictions)

प्रबिसि नगर कीजे सब काजा । हृदयँ राखि कोसलपुर राजा ॥
prabisi nagara kīje saba kājā, hṛdayaṁ rākhi kosalapura rājā.
(Enter the city and accomplish all tasks, keeping the King of Kaushal, Rāma, enshrined within your heart)

जब तें रामु ब्याहि घर आए । नित नव मंगल मोद बधाए ॥
jaba teṁ rāmu byāhi ghara āe, nita nava maṁgala moda badhāe.
(Ever since Rāma returned home after marriage, there were new festivities every day all around)

जनकसुता जग जननि जानकी । अतिसय प्रिय करुना निधान की ॥
janakasutā jaga janani jānakī, atisaya priya karunā nidhāna kī.
(I invoke Jānakī, daughter of Janak, mother of the world, the most beloved of the All-merciful Rāma)

[मान्यतानुसार सुन्दरकाण्ड पाठ, भगवत्स्मरण पश्चात्, किष्किन्ध्याकाण्ड दोहा २९ से आरम्भ होता है]
[Traditionally, Sundarakānda Pāṭha begins from this point in kiṣkindhākāṇḍa (Dohā 29), after the chanting of Rāma Nāma and invoking Shrī Hanumāna and others gods]

सीतारायाम सीतारायाम सीतारायाम सीतारायाम सीतारायाम सीतारायाम सीतारायाम

ॐ

विघ्नेश्वराय वरदाय सुरप्रियाय लम्बोदराय सकलाय जगत हिताय ।
vighneśvarāya varadāya surapriyāya lambodarāya sakalāya jagata hitāya,
नागाननाय श्रुतियज्ञविभूषिताय गौरीसुताय गणनाथ नमो नमस्ते ॥
nāgānanāya śrutiyajñavibhūṣitāya gaurīsutāya gaṇanātha namo namaste.

(Salutations to Shrī Ganesh)

ॐ

आइये हनुमंत विराजिये कथा कहूँ मति अनुसार ।
āiye hanumaṁta virājiye kathā kahūṁ mati anusāra,
प्रेम सहित गादी धरूँ पधारिये पवन कुमार ॥
prema sahita gādī dharūṁ padhāriye pavana kumāra.

(Invocations to Shrī Hanumān)

ॐ

लोकाभिरामं रणरङ्गधीरं राजीवनेत्रं रघुवंशनाथम् ।
lokābhirāmaṁ raṇaraṅgadhīraṁ rājīvanetraṁ raghuvaṁśanātham,
कारुण्यरूपं करुणाकरं तं श्रीरामचन्द्रं शरणं प्रपद्ये ॥
kāruṇyarūpaṁ karuṇākaraṁ taṁ śrīrāmacandraṁ śaraṇaṁ prapadye.

मनोजवं मारुततुल्यवेगं जितेन्द्रियं बुद्धिमतां वरिष्ठम् ।
manojavaṁ mārutatulyavegaṁ jitendriyaṁ buddhimatāṁ variṣṭham,
वातात्मजं वानरयूथमुख्यं श्रीरामदूतं शरणं प्रपद्ये ॥
vātātmajaṁ vānarayūthamukhyaṁ śrīrāmadūtaṁ śaraṇaṁ prapadye.

(Meditation & Surrender to Shrī Rāma & Hanumān)

ॐ

गुरु ब्रह्मा गुरुर्विष्णुः गुरुदेव महेश्वरः ।
guru brahmā gururviṣṇu gurudeva maheśvara,
गुरु साक्षात्परब्रह्म तस्मैश्री गुरुवे नमः ॥
guru sākṣātparabrahma tasmaiśrī guruve namaḥ.

(Salutations to Guru)

ॐ

श्रीरामचंद्र भगवान की जय ॥
śrī rāmacaṁdra bhagavāna kī jaya.
पवनसुत हनुमान की जय ॥
pavanasuta hanumāna kī jaya.

गोस्वामी तुलसीदास की जय ॥
gosvāmī tulasīdāsa kī jaya.

ॐ नमः पार्वती पतये हर हर महादेव ॥
OM namaḥ pārvatī pataye hara hara mahādeva.

ॐ

श्रीराम जयराम जय जय राम । जयजय राम जयजय राम ॥
śrīrāma jayarāma jaya jaya rāma, jayajaya rāma jayajaya rāma.

श्रीराम जयराम जय जय राम । जयजय राम जयजय राम ॥
śrīrāma jayarāma jaya jaya rāma, jayajaya rāma jayajaya rāma...

हरे रामा रामा राम । सीताराम राम राम ॥
hare rāmā rāmā rāma, sītārāma rāma rāma.

हरे रामा रामा राम । सीताराम राम राम ॥
hare rāmā rāmā rāma, sītārāma rāma rāma...

ॐ

ॐ श्री परमात्मने नमः
OM śrī paramātmane namaḥ

ॐ

प्रनवउँ पवनकुमार खल बन पावक ग्यानधन ।
pranavauṁ pavanakumāra khala bana pāvaka gyānadhana,

जासु हृदय आगार बसहिं राम सर चाप धर ॥
jāsu hṛdaya āgāra basahiṁ rāma sara cāpa dhara.

(Obeisance to Shrī Hanumān)

ॐ

किष्किन्ध्याकाण्ड - kiṣkindhākāṇḍa
dohā-doha:

बलि बाँधत प्रभु बाढ़ेउ सो तनु बरनि न जाइ ।
bali bāṁdhata prabhu bāṛheu so tanu barani na jāi,

उभय घरी महँ दीन्हीं सात प्रदच्छिन धाइ ॥२९॥
ubhaya gharī mahaṁ dīnhīṁ sāta pradacchina dhāi. 29.

मंगल भवन अमंगल हारी । द्रवउ सो दसरथ अजिर बिहारी ॥
maṁgala bhavana amaṁgala hārī, dravau so dasaratha ajira bihārī.

Trans:

"When he made Valī captive, the Lord grew to an indescribable size; and yet in less than an hour I circumambulated the Lord as many as seven times", [stated Jāmavaṁt.]

रामचरितमानस — किष्किन्धाकाण्ड

चौपाई-caupāī:

अंगद कहइ जाउँ मैं पारा । जियँ संसय कछु फिरती बारा ॥
aṁgada kahai jāuṁ maiṁ pārā, jiyaṁ saṁsaya kachu phiratī bārā.

जामवंत कह तुम्ह सब लायक । पठइअ किमि सब ही कर नायक ॥
jāmavaṁta kaha tumha saba lāyaka, paṭhaia kimi saba hī kara nāyaka.

कहइ रीक्षपति सुनु हनुमाना । का चुप साधि रहेहु बलवाना ॥
kahai rīkṣapati sunu hanumānā, kā cupa sādhi rahehu balavānā.

पवन तनय बल पवन समाना । बुधि बिबेक बिग्यान निधाना ॥
pavana tanaya bala pavana samānā, budhi bibeka bigyāna nidhānā.

कवन सो काज कठिन जग माहीं । जो नहिं होइ तात तुम्ह पाहीं ॥
kavana so kāja kaṭhina jaga māhīṁ, jo nahiṁ hoi tāta tumha pāhīṁ.

राम काज लगि तव अवतारा । सुनतहिं भयउ पर्बताकारा ॥
rāma kāja lagi tava avatārā, sunatahiṁ bhayau parbatākārā.

कनक बरन तन तेज बिराजा । मानहुँ अपर गिरिन्ह कर राजा ॥
kanaka barana tana teja birājā, mānahuṁ apara girinha kara rājā.

सिंहनाद करि बारहिं बारा । लीलहिं नाघउँ जलनिधि खारा ॥
siṁhanāda kari bārahiṁ bārā, līlahiṁ nāghauṁ jalanidhi khārā.

सहित सहाय रावनहि मारी । आनउँ इहाँ त्रिकूट उपारी ॥
sahita sahāya rāvanahi mārī, ānauṁ ihāṁ trikūṭa upārī.

जामवंत मैं पूँछउँ तोही । उचित सिखावनु दीजहु मोही ॥
jāmavaṁta maiṁ pūṁchauṁ tohī, ucita sikhāvanu dījahu mohī.

एतना करहु तात तुम्ह जाई । सीतहि देखि कहहु सुधि आई ॥
etanā karahu tāta tumha jāī, sītahi dekhi kahahu sudhi āī.

तब निज भुज बल राजिवनैना । कौतुक लागि संग कपि सेना ॥
taba nija bhuja bala rājivanainā, kautuka lāgi saṁga kapi senā.

Trans:

Aṁgad said, "I can leap across to the other side but have doubts in my heart about coming back." Jāmavaṁt replied, "You are quite competent but what need there is to send our very chief? Now listen Hanumān, why are you, our mighty champion, so silent? Son of the wind-god, strong as your Sire, you are a veritable mine of intelligence, prudence and wisdom. In all the worlds which undertaking is there so hard that you cannot accomplish it, son? Verily it is only to perform the work of Shrī Rāma that you have taken advent upon earth." Hearing this Hanumān—with a body of golden hue and dazzling splendor—swelled to the size of a mountain, the very king of mountains; and roaring again and again like a bellicose lion, he thundered, "I will step across this salty stream in a mere play. Slaying Rāvan and his enforcements, I will uproot the mount Trikūt and bring it right here. Now I ask you, Jāmavaṁt—just instruct me what ought I to do?—suggest to me the proper course" "Only do this much dear: go see Sītā and return with glad tidings of her; verily our lotus-eyed Lord will then Himself recover Sītā by the might of his arms—taking with him the monkey hosts merely for sport.

छंद-chamda:

कपि सेन संग सँघारि निसिचर रामु सीतहि आनिहैं ।
kapi sena saṁga saṁghāri nisicara rāmu sītahi ānihaiṁ,
त्रैलोक पावन सुजसु सुर मुनि नारदादि बखानिहैं ॥
trailoka pāvana sujasu sura muni nāradādi bakhānihaiṁ.
जो सुनत गावत कहत समुझत परम पद नर पावई ।
jo sunata gāvata kahata samujhata parama pada nara pāvaī,
रघुबीर पद पाथोज मधुकर दास तुलसी गावई ॥
raghubīra pada pāthoja madhukara dāsa tulasī gāvaī.

Trans:

Taking with Him an army of monkeys Shri Rāma will destroy the demons and bring Sītā back. And the gods and saints and Nārad and others will get to recount the glories of Shri Rāma which will sanctify the three spheres of creation for all times to come. Hearing, and singing, and telling the glories of our Lord, mankind will ascend to the highest dominion. And Tulsīdās—who is devoted like a bee to the lotus feet of the Hero of Raghu's lineage—will ever get to sing of them.

दोहा-dohā:

भव भेषज रघुनाथ जसु सुनहिं जे नर अरु नारी ।
bhava bheṣaja raghunātha jasu sunahiṁ je nara aru nārī,
तिन्ह कर सकल मनोरथ सिद्ध करहिं त्रिसिरारि ॥३०क॥
tinha kara sakala manoratha siddha karahiṁ trisirāri. 30(ka).

Trans:

Verily He, Raghunāth, the slayer of the demon Trisira, grants all desires of men and women that listen to this glorious saga—which is the assured panacea for all the ills of life.

सोरठा-soraṭhā:

नीलोत्पल तन स्याम काम कोटि सोभा अधिक ।
nīlotpala tana syāma kāma koṭi sobhā adhika,
सुनिअ तासु गुन ग्राम जासु नाम अघ खग बधिक ॥३०ख॥
sunia tāsu guna grāma jāsu nāma agha khaga badhika. 30(kha).

मंगल भवन अमंगल हारी । द्रवउ सो दसरथ अजिर बिहारी ॥
maṁgala bhavana amaṁgala hārī, dravau so dasaratha ajira bihārī.

Trans:

Hearken O world to the glories of Shrī Rāma—with his body dark of hue as a blue lotus, whose beauty surpasses that of million Kāmdevas, whose name is a veritable fowler for birds in the shape of sins.

::—::

śrījānakīvallabho vijayate

श्रीरामचरितमानस
śrīrāmacaritamānasa
पञ्चम सोपान - सुन्दरकाण्ड
pañcama sopāna - sundarakāṇḍa

श्लोक-*sloka:*

शान्तं शाश्वतमप्रमेयमनघं निर्वाणशान्तिप्रदं
śāntaṁ śāśvatamaprameyamanaghaṁ nirvāṇaśāntipradaṁ
ब्रह्माशम्भुफणीन्द्रसेव्यमनिशं वेदान्तवेद्यं विभुम् ।
brahmāśambhuphaṇīndrasevyamaniśaṁ vedāntavedyaṁ vibhum,
रामाख्यं जगदीश्वरं सुरगुरुं मायामनुष्यं हरिं
rāmākhyaṁ jagadīśvaraṁ suraguruṁ māyāmanuṣyaṁ hariṁ
वन्देऽहं करुणाकरं रघुवरं भूपालचूडामणिम् ॥ १ ॥
vande'haṁ karuṇākaraṁ raghuvaraṁ bhūpālacūṛāmaṇim. 1.

Trans:

I adore the Lord of the universe—immeasurable, all pervading and eternal, the very theme of Vedanta, beyond ordinary means of cognition, the all-merciful God of gods constantly worshipped by Brahmmā, Shambhu and Shesha; the dispeller of all sins, bestower of the supreme beatitude of emancipation, a veritable mine of compassion, the Lord God Hari appearing through his Māyā in the form of man, the King of kings, the chief of Raghus—Shrī Rāma.

नान्या स्पृहा रघुपते हृदयेऽस्मदीये
nānyā spṛhā raghupate hṛdaye'smadīye
सत्यं वदामि च भवानखिलान्तरात्मा ।
satyaṁ vadāmi ca bhavānakhilāntarātmā,
भक्तिं प्रयच्छ रघुपुङ्गव निर्भरां मे
bhaktiṁ prayaccha raghupuṅgava nirbharāṁ me
कामादिदोषरहितं कुरु मानसं च ॥ २ ॥
kāmādidoṣarahitaṁ kuru mānasaṁ ca. 2.

Trans:

There is no other craving in my heart, O Lord, and I speak the truth and you know my inmost thoughts—for you are the indwelling Spirit in the hearts of all—do please grant me, O crest-jewel of Raghus, the intense-most devotion to Thy Holy Feet; and make my heart clean of lust and every other sin.

अतुलितबलधामं हेमशैलाभदेहं
atulitabaladhāmaṁ hemaśailābhadehaṁ
दनुजवनकृशानुं ज्ञानिनामग्रगण्यम् ।
danujavanakṛśānuṁ jñānināmagragaṇyam,
सकलगुणनिधानं वानराणामधीशं
sakalaguṇanidhānaṁ vānarāṇāmadhīśaṁ
रघुपतिप्रियभक्तं वातजातं नमामि ॥३॥
raghupatipriyabhaktaṁ vātajātaṁ namāmi. 3.

Trans:

Repeatedly I bow to the son-of-wind-god: repository of immeasurable might, with his body shining like a mountain of gold, the very blazing fire that devours the forest in the shape of demons; the abode of virtues, the noblest messenger of Raghupati, foremost amongst the wise, the chief of the monkeys: Shrī Hanumān, the most beloved devotee of Shrī Rāma.

चौपाई-*caupāī:*

जामवंत के बचन सुहाए । सुनि हनुमंत हृदय अति भाए ॥
jāmavaṁta ke bacana suhāe, suni hanumaṁta hṛdaya ati bhāe.
तब लगि मोहि परिखेहु तुम्ह भाई । सहि दुख कंद मूल फल खाई ॥
taba lagi mohi parikhehu tumha bhāī, sahi dukha kaṁda mūla phala khāī.
जब लगि आवौं सीतहि देखी । होइहि काजु मोहि हरष बिसेषी ॥
jaba lagi āvauṁ sītahi dekhī, hoihi kāju mohi haraṣa biseṣī.
यह कहि नाइ सबन्हि कहुँ माथा । चलेउ हरषि हियँ धरि रघुनाथा ॥
yaha kahi nāi sabanhi kahuṁ māthā, caleu haraṣi hiyaṁ dhari raghunāthā.
सिंधु तीर एक भूधर सुंदर । कौतुक कूदि चढेउ ता ऊपर ॥
siṁdhu tīra eka bhūdhara suṁdara, kautuka kūdi caṛheu tā ūpara.
बार बार रघुबीर सँभारी । तरकेउ पवनतनय बल भारी ॥
bāra bāra raghubīra saṁbhārī, tarakeu pavanatanaya bala bhārī.
जेहि गिरि चरन देइ हनुमंता । चलेउ सो गा पाताल तुरंता ॥
jehiṁ giri carana dei hanumaṁtā, caleu so gā pātāla turaṁtā.
जिमि अमोघ रघुपति कर बाना । एहि भाँति चलेउ हनुमाना ॥
jimi amogha raghupati kara bānā, ehi bhāṁti caleu hanumānā.
जलनिधि रघुपति दूत बिचारी । तैं मैनाक होहि श्रमहारी ॥
jalanidhi raghupati dūta bicārī, taiṁ maināka hohi śramahārī.

Trans:

Hearing the heartening speech of Jāmavaṁt, Hanumān greatly rejoiced in his heart and said, "Endure these hardships my brothers, and with roots, herbs, fruits as your food, await here my return—till I am back with the news of Mā Sītā. My objective will surely be accomplished—I experience this great exhilaration in my heart." Saying so he bowed his head to them all; and then, with the image of Shrī Rāma enshrined in his heart, and full of exuberance, Hanumān sallied forth. There was a majestic rock by the seashore and Hanumān sprang upon its top in mere sport. Then again and again invoking the name of Raghubīr, the son-of-wind leaped with all his might. And the hill upon which he had planted his foot instantly sank—recoiling into the nethermost world. And just like an exceeding unerring arrow fired by Raghupati, Hanumān sped away. On the way—and knowing Hanumān to be the emissary of Shrī Rāma—the deity presiding over the Ocean told Maināk, "Relieve him of his fatigue."

दोहा-dohā:

हनूमान तेहि परसा कर पुनि कीन्ह प्रनाम ।
hanūmāna tehi parasā kara puni kīnha pranāma,
राम काजु कीन्हें बिनु मोहि कहाँ बिश्राम ॥१॥
rāma kāju kīnhem binu mohi kahām biśrāma. 1.

Trans:

[Mount Maināk raised himself up from the sea and stood before, in welcome,] but Hanumān merely touched it with his hand, and saluting to it said, "There can be no rest for me until I have accomplished the work of Shrī Rāma."

चौपाई-caupāī:

जात पवनसुत देवन्ह देखा । जानैं कहुँ बल बुद्धि बिसेषा ॥
jāta pavanasuta devanha dekhā, jānaim kahum bala buddhi biseṣā.
सुरसा नाम अहिन्ह कै माता । पठइन्हि आइ कही तेहिं बाता ॥
surasā nāma ahinha kai mātā, paṭhainhi āi kahī tehim bātā.
आजु सुरन्ह मोहि दीन्ह अहारा । सुनत बचन कह पवनकुमारा ॥
āju suranha mohi dīnha ahārā, sunata bacana kaha pavanakumārā.
राम काजु करि फिरि मैं आवौं । सीता कइ सुधि प्रभुहि सुनावौं ॥
rāma kāju kari phiri maim āvaum, sītā kai sudhi prabhuhi sunāvaum.
तब तव बदन पैठिहउँ आई । सत्य कहउँ मोहि जान दे माई ॥
taba tava badana paiṭhihaum āī, satya kahaum mohi jāna de māī.
कवनेहुँ जतन देइ नहिं जाना । ग्रससि न मोहि कहेउ हनुमाना ॥
kavanehum jatana dei nahim jānā, grasasi na mohi kaheu hanumānā.
जोजन भरि तेहिं बदनु पसारा । कपि तनु कीन्ह दुगुन बिस्तारा ॥
jojana bhari tehim badanu pasārā, kapi tanu kīnha duguna bistārā.
सोरह जोजन मुख तेहि ठयऊ । तुरत पवनसुत बत्तिस भयऊ ॥
soraha jojana mukha tehi ṭhayaū, turata pavanasuta battisa bhayaū.
जस जस सुरसा बदनु बढ़ावा । तासु दून कपि रूप देखावा ॥
jasa jasa surasā badanu baṛhāvā, tāsu dūna kapi rūpa dekhāvā.
सत जोजन तेहिं आनन कीन्हा । अति लघु रूप पवनसुत लीन्हा ॥
sata jojana tehim ānana kīnhā, ati laghu rūpa pavanasuta līnhā.
बदन पइठि पुनि बाहेर आवा । मागा बिदा ताहि सिरु नावा ॥
badana paiṭhi puni bāhera āvā, māgā bidā tāhi siru nāvā.
अजर अमर गुननिधि सुत होहू । करहुँ बहुत रघुनायक छोहू ॥
ajara amara gunanidhi suta hohū, karahum bahuta raghunāyaka chohū.

badana paiṭhi puni bāhera āvā, māgā bidā tāhi siru nāvā.
मोहि सुरन्ह जेहि लागि पठावा । बुधि बल मरमु तोर मै पावा ॥
mohi suranha jehi lāgi paṭhāvā, budhi bala maramu tora mai pāvā.

Trans:
When the gods saw the son-of-wind speeding along—and in order to make a trial of his exceptional strength and intellect—they dispatched Sursā, the mother of serpents. She came near Hanumān, as if to devour him, and hollered, "Thank heavens, for the gods have sent me a meal today!" Hearing that, the son-of-wind spoke, "After I have accomplished Rāma's task and have given the news of Shri Sītā to Rāma, then I, of my own accord, will enter thy mouth—truly I tell thee O mother; for now just let me go." But Sursā didn't relent and wouldn't allow Hanumān to get past her by any means; whereupon he said, "Go ahead, devour me then." She opened her jaws a league wide; and the monkey made himself twice as large. She stretched her mouth a sixteen league, and Hanumān at once becomes thirty-two. However large Sursā distended her jaws, the monkey made himself twice as large again. When she had extended her jaws a hundred leagues, Hanumān immediately reduced himself to a tiny size; then, entering her mouth, he came outright back again; and bowing he stood before her, asking permission to leave. "Verily I have gauged the extent of your wit and strength—the errand upon which the gods to me had sent.

दोहा-dohā:

राम काजु सबु करिहहु तुम्ह बल बुद्धि निधान ।
rāma kāju sabu karihahu tumha bala buddhi nidhāna,
आसिष देह गई सो हरषि चलेउ हनुमान ॥२॥
āsiṣa deha gaī so haraṣi caleu hanumāna. 2.

Trans:
You will assuredly accomplish Rāma's work—a storehouse that you are of strength and sagacity." Having thusly blessed him, she retreated. And Hanumān joyfully sped along on his way.

चौपाई-caupāī:

निसिचरि एक सिंधु महुँ रहई । करि माया नभु के खग गहई ॥
nisicari eka siṁdhu mahuṁ rahaī, kari māyā nabhu ke khaga gahaī.
जीव जंतु जे गगन उड़ाहीं । जल बिलोकि तिन्ह कै परिछाहीं ॥
jīva jaṁtu je gagana uṛāhīṁ, jala biloki tinha kai parichāhīṁ.
गहइ छाँह सक सो न उड़ाई । एहि बिधि सदा गगनचर खाई ॥
gahai chāṁha saka so na uṛāī, ehi bidhi sadā gaganacara khāī.
सोइ छल हनुमान कहँ कीन्हा । तासु कपटु कपि तुरतहिं चीन्हा ॥
soi chala hanūmāna kahaṁ kīnhā, tāsu kapaṭu kapi turatahiṁ cīnhā.
ताहि मारि मारुतसुत बीरा । बारिधि पार गयउ मतिधीरा ॥
tāhi māri mārutasuta bīrā, bāridhi pāra gayau matidhīrā.
तहँ जाइ देखी बन सोभा । गुंजत चंचरीक मधु लोभा ॥
tahaṁ jāi dekhī bana sobhā, guṁjata caṁcarīka madhu lobhā.

मंगल भवन अमंगल हारी । द्रवउ सो दसरथ अजिर बिहारी ॥
maṁgala bhavana amaṁgala hārī, dravau so dasaratha ajira bihārī.

नाना तरु फल फूल सुहाए । खग मृग बृंद देखि मन भाए ॥
nānā taru phala phūla suhāe, khaga mṛga bṛṁda dekhi mana bhāe.
सैल बिसाल देखि एक आगें । ता पर धाइ चढेउ भय त्यागें ॥
saila bisāla dekhi eka āgeṁ, tā para dhāi caḍheu bhaya tyāgeṁ.
उमा न कछु कपि कै अधिकाई । प्रभु प्रताप जो कालहि खाई ॥
umā na kachu kapi kai adhikāī, prabhu pratāpa jo kālahi khāī.
गिरि पर चढि लंका तेहिं देखी । कहि न जाइ अति दुर्ग बिसेषी ॥
giri para caḍhi laṁkā tehiṁ dekhī, kahi na jāi ati durga biseṣī.
अति उतंग जलनिधि चहु पासा । कनक कोट कर परम प्रकासा ॥
ati utaṁga jalanidhi cahu pāsā, kanaka koṭa kara parama prakāsā.

Trans:
Now in the ocean there dwelt a she-monster who would eat birds from the sky by conjuring wizardry. Beings coursing through air cast shadow upon water and she was able to catch that shadow in such a way that they became ensnared. This way she devoured many flying beings who flew that way—and today she contrived to play the same trick upon Hanumān. But Hanumān at once saw through her craftiness and—resolute of mind, that valiant son-of-wind—forthwith slew the monster. Then joyfully he coursed along on his way till he reached the other shore. Arriving there Hanumān found himself in a forest quite pleasant to behold—full of diverse trees all resplendent, replete with fruits and flowers, and with swarms of bees humming in quest of nectar, and with multitudes of birds and deer—a most lovely sight to delight the eyes. Seeing a large hillock ahead Hanumān fearlessly sprang upon its top. [And so, from one rock on yon shore to this one here, across a vast ocean, miraculously Hanumān had arrived!] But know, O Umā [said Shiva], all this was not by dint of the monkey's might, but t'was all by the grace of the Lord-God—He who can devour even Death himself [what then to say of these little impediments]. From that summit Hanumān surveyed the city of Lankā: a magnificent fortress that defied description—with its many ramparts of gold shedding a dazzling splendor all around and surrounded by deep seas on all the four sides.

छंद-*chaṁda:*

कनक कोट बिचित्र मनि कृत सुंदरायतना घना ।
kanaka koṭa bicitra mani kṛta suṁdarāyatanā ghanā,
चउहट्ट हट्ट सुबट्ट बीथीं चारु पुर बहु बिधि बना ॥
cauhaṭṭa haṭṭa subaṭṭa bīthīṁ cāru pura bahu bidhi banā.
गज बाजि खच्चर निकर पदचर रथ बरूथन्हि को गनै ।
gaja bāji khaccara nikara padacara ratha barūthanhi ko ganai.
बहुरूप निसिचर जूथ अतिबल सेन बरनत नहिं बनै ॥ १ ॥
bahurūpa nisicara jūtha atibala sena baranata nahiṁ banai. 1.

बन बाग उपबन बाटिका सर कूप बापीं सोहहीं ।
bana bāga upabana bāṭikā sara kūpa bāpīṁ sohahīṁ,

अजर अमर गुननिधि सुत होहू । करहुं बहुत रघुनायक छोहू ॥
ajara amara gunanidhi suta hohū, karahuṁ bahuta raghunāyaka chohū.

नर नाग सुर गंधर्ब कन्या रूप मुनि मन मोहहीं ॥
nara nāga sura gaṁdharba kanyā rūpa muni mana mohahīṁ.
कहुँ माल देह बिसाल सैल समान अतिबल गर्जहीं ।
kahuṁ māla deha bisāla saila samāna atibala garjahīṁ,
नाना अखारेन्ह भिरहिं बहु बिधि एक एकन्ह तर्जहीं ॥२॥
nānā akhārenha bhirahiṁ bahu bidhi eka ekanha tarjahīṁ. 2.

करि जतन भट कोटिन्ह बिकट तन नगर चहुँ दिसि रच्छहीं ।
kari jatana bhaṭa koṭinha bikaṭa tana nagara cahuṁ disi racchahīṁ,
कहुँ महिष मानुषु धेनु खर अज खल निसाचर भच्छहीं ॥
kahuṁ mahiṣa mānaṣu dhenu khara aja khala nisācara bhacchahīṁ.
एहि लागि तुलसीदास इन्ह की कथा कछु एक है कही ।
ehi lāgi tulasīdāsa inha kī kathā kachu eka hai kahī,
रघुबीर सर तीरथ सरीरन्हि त्यागि गति पैहहिं सही ॥३॥
raghubīra sara tīratha sarīranhi tyāgi gati paihahiṁ sahī. 3.

Trans:
The charming city was enclosed by fortification walls made of gold and studded with wonderful gems of every type. The city, well decorated in every which way—with magnificent highways, lanes, cross roads, bazaars, and beautiful houses—was a marvelous sight to behold. Who could count the multitudes of horses, mules & elephants, arrays of footmen & chariots, and troops of demons of different builds and shapes—a formidable host that defied every description? Groves and orchards, gardens and pastures, woods, ponds, wells and lakes, large and small, all shone lovely and resplendent. And at the sight of fair damsels there—of human descent and Nāgas, and of gods and Gandharvas—the soul of even a hermit would be ravished. And here thundered mighty wrestlers of monstrous forms, grappling each other in various duels in different courts; and there teemed myriad warriors of frightful forms, sedulously guarding the city on all its four sides. Elsewhere horrid demons were seen banqueting on buffaloes, humans, oxen, donkeys, goats. They would eventually lose their lives to Rāma's hallowed shafts and enter His Divine Abode—and it is for this reason that Tulsīdās gives a few words of mention to them here.

दोहा-*dohā:*
पुर रखवारे देखि बहु कपि मन कीन्ह बिचार ।
pura rakhavāre dekhi bahu kapi mana kīnha bicāra,
अति लघु रूप धरौं निसि नगर करौं पइसार ॥३॥
ati laghu rūpa dharauṁ nisi nagara karauṁ paisāra. 3.

Trans:
Seeing an abundance of city guards, the monkey thought to himself, 'I must make myself very small and slip into the city by night.'

चौपाई-*caupāī:*
मसक समान रूप कपि धरी । लंकहि चलेउ सुमिरि नरहरी ॥

मंगल भवन अमंगल हारी । द्रवउ सो दसरथ अजिर बिहारी ॥
maṁgala bhavana amaṁgala hārī, dravau so dasaratha ajira bihārī.

masaka samāna rūpa kapi dharī, laṁkahi caleu sumiri naraharī.

नाम लंकिनी एक निसिचरी । सो कह चलेसि मोहि निंदरी ॥
nāma laṁkinī eka nisicarī, so kaha calesi mohi niṁdarī.

जानेहि नहीं मरमु सठ मोरा । मोर अहार जहाँ लगि चोरा ॥
jānehi nahīṁ maramu saṭha morā, mora ahāra jahāṁ lagi corā.

मुठिका एक महा कपि हनी । रुधिर बमत धरनीं धनमनी ॥
muṭhikā eka mahā kapi hanī, rudhira bamata dharanīṁ dhanamanī.

पुनि संभारि उठि सो लंका । जोरि पानि कर बिनय संसका ॥
puni saṁbhāri uṭhi so laṁkā, jori pāni kara binaya saṁsakā.

जब रावनहि ब्रह्म बर दीन्हा । चलत बिरंचि कहा मोहि चीन्हा ॥
jaba rāvanahi brahma bara dīnhā, calata biraṁci kahā mohi cīnhā.

बिकल होसि तैं कपि कें मारे । तब जानेसु निसिचर संघारे ॥
bikala hosi taiṁ kapi keṁ māre, taba jānesu nisicara saṁghāre.

तात मोर अति पुन्य बहूता । देखेउँ नयन राम कर दूता ॥
tāta mora ati punya bahūtā, dekheuṁ nayana rāma kara dūtā.

Trans:
When the time came, Hanumān assumed a form tiny as a gnat and entered Lankā invoking the name of the Lord-God. At the gate a she-monster, by the name Lankini, accosted him, "How dare you enter here in contempt of me? O fool, know you not of me? Every thief hereabout is my prey?" Whereupon the monkey dealt her a blow with his fist—and she toppled down, spewing blood from her mouth. Then recovering she stood up in dismay, and with clasped hands made this humble submission: "When Brahma granted Rāvan the boon he sought, he also gave me this clue while departing: 'When worsted by a monkey, know then that it will soon be over with the demon race.' My meritorious deeds, O dear, must have been many and great—for today I have been rewarded by the very sight of Rāma's emissary.

दोहा-dohā:

तात स्वर्ग अपबर्ग सुख धरिअ तुला एक अंग ।
tāta svarga apabarga sukha dharia tulā eka aṁga,

तूल न ताहि सकल मिलि जो सुख लव सतसंग ॥४॥
tūla na tāhi sakala mili jo sukha lava satasaṁga. 4.

Trans:
Listen O dear: on one side of the scale put together all the delights of heavens—as also the bliss of final emancipation—but still they are easily outweighed by just a fraction of joy which results from communion with the saints.

चौपाई-caupāī:

प्रबिसि नगर कीजे सब काजा । हृदयँ राखि कोसलपुर राजा ॥
prabisi nagara kīje saba kājā, hṛdayaṁ rākhi kosalapura rājā.

गरल सुधा रिपु करहिं मिताई । गोपद सिंधु अनल सितलाई ॥
garala sudhā ripu karahiṁ mitāī, gopada siṁdhu anala sitalāī.

अजर अमर गुननिधि सुत होहू । करहुँ बहुत रघुनायक छोहू ॥
ajara amara gunanidhi suta hohū, karahuṁ bahuta raghunāyaka chohū.

गरुड़ सुमेरु रेनु सम ताही । राम कृपा करि चितवा जाही ॥
garuṛa sumeru renu sama tāhī, rāma kṛpā kari citavā jāhī.
अति लघु रूप धरेउ हनुमाना । पैठा नगर सुमिरि भगवाना ॥
ati laghu rūpa dhareu hanumānā, paiṭhā nagara sumiri bhagavānā.
मंदिर मंदिर प्रति करि सोधा । देखे जहँ तहँ अगनित जोधा ॥
maṁdira maṁdira prati kari sodhā, dekhe jahaṁ tahaṁ aganita jodhā.
गयउ दसानन मंदिर माहीं । अति बिचित्र कहि जात सो नाहीं ॥
gayau dasānana maṁdira māhīṁ, ati bicitra kahi jāta so nāhīṁ.
सयन किएँ देखा कपि तेही । मंदिर महुँ न दीखि बैदेही ॥
sayana kieṁ dekhā kapi tehī, maṁdira mahuṁ na dīkhi baidehī.
भवन एक पुनि दीख सुहावा । हरि मंदिर तहँ भिन्न बनावा ॥
bhavana eka puni dīkha suhāvā, hari maṁdira tahaṁ bhinna banāvā.

Trans:
Now, with the Lord of Kaushal enshrined in your heart, go enter the city and accomplish your task." Verily deadly poison becomes ambrosia; and foe turns into friend; and ocean becomes as like water collected in a tiny hoof-print; and fire becomes tranquil chill; and Mount Meru appears like a grain of sand, O Garuda [said Bhushundi], for such a one upon whom Shrī Rāma has cast his gracious glance! And so in the tiny form which he had assumed, Hanumān entered the city invoking the name of Shrī Rāma. Carefully inspecting every separate quarter he combed his way through many mansions and saw countless warriors who dwelt there. When he came upon Rāvan's palace its magnificence was past all telling. Hanumān saw the demon king buried deep in sleep but could find no signs of Videha's daughter anywhere. Hanumān then noticed another splendid building nearby which stood very distinct—with the holy temple of Lord Hari set apart.

दोहा-dohā:

रामायुध अंकित गृह सोभा बरनि न जाइ ।
rāmāyudha aṁkita gṛha sobhā barani na jāi,
नव तुलसिका बृंद तहँ देखि हरष कपिराइ ॥५॥
nava tulasikā bṛṁda tahaṁ dekhi haraṣa kapirāi. 5.

Trans:
That home, too beautiful to describe, was embellished with bow and arrows—weapons of Shrī Rāma, that indescribable charm—emblazoned upon its walls; and with clusters of young Tulsi plants all around. The monkey chief rejoiced to see such auspicious signs.

चौपाई-caupāī:

लंका निसिचर निकर निवासा । इहाँ कहाँ सज्जन कर बासा ॥
laṁkā nisicara nikara nivāsā, ihāṁ kahāṁ sajjana kara bāsā.
मन महुँ तरक करैं कपि लागा । तेहीं समय बिभीषनु जागा ॥
mana mahuṁ taraka karaiṁ kapi lāgā, tehīṁ samaya bibhīṣanu jāgā.
राम राम तेहि सुमिरन कीन्हा । हृदयँ हरष कपि सज्जन चीन्हा ॥

मंगल भवन अमंगल हारी । द्रवउ सो दसरथ अजिर बिहारी ॥
maṁgala bhavana amaṁgala hārī, dravau so dasaratha ajira bihārī.

rāma rāma tehiṁ sumirana kīnhā, hṛdayaṁ haraṣa kapi sajjana cīnhā.

एहि सन हठि करिहउँ पहिचानी । साधु ते होइ न कारज हानी ॥
ehi sana haṭhi karihauṁ pahicānī, sādhu te hoi na kāraja hānī.

बिप्र रुप धरि बचन सुनाए । सुनत बिभीषन उठि तहँ आए ॥
bipra rupa dhari bacana sunāe, sunata bibhīṣana uṭhi tahaṁ āe.

करि प्रनाम पूँछी कुसलाई । बिप्र कहहु निज कथा बुझाई ॥
kari pranāma pūṁchī kusalāī, bipra kahahu nija kathā bujhāī.

की तुम्ह हरि दासन्ह महँ कोई । मोरें हृदय प्रीति अति होई ॥
kī tumha hari dāsanha mahaṁ koī, moreṁ hṛdaya prīti ati hoī.

की तुम्ह रामु दीन अनुरागी । आयहु मोहि करन बड़भागी ॥
kī tumha rāmu dīna anurāgī, āyahu mohi karana baṛabhāgī.

Trans:

"Lankā is the abode of gangs of demons—so how then can a pious soul have his home here?" While the monkey was thus reasoning to himself the owner Vibhishan awoke and, as was his wont, began to chant the Holy Name 'Rāma'. Hanumān became extremely delighted having spied a virtuous soul. 'I shall perforce get to know him at once—for, from a saintly man, no harm can ensue to one's good cause.' Having thus resolved, Hanumān assumed the form of a Brahmin and hailed Vibhishan. Hearing being called, Vibhishan stepped forward and greeted him and asked of his welfare: "Tell me O reverend, who may you be? Are you one of Shrī Hari's very own servants?—for my heart is filled with such exceeding joy at your very sight. Or are you sir Shrī Rāma Himself—the loving supplicant of the poor, come arrived to bless me with His holy sight?

दोहा-dohā:

तब हनुमंत कही सब राम कथा निज नाम ।
taba hanumaṁta kahī saba rāma kathā nija nāma,

सुनत जुगल तन पुलक मन मगन सुमिरि गुन ग्राम ॥ ६॥
sunata jugala tana pulaka mana magana sumiri guna grāma. 6.

Trans:

Thereupon Hanumān disclosed his identity and spoke to him of Shrī Rāma and his infinite virtues. As the name and glories of Rāma resounded in the air, a thrill of ecstasy ran through their bodies and their souls were drowned in an ocean of Bliss.

चौपाई-caupāī:

सुनहु पवनसुत रहनि हमारी । जिमि दसनन्हि महुँ जीभ बिचारी ॥
sunahu pavanasuta rahani hamārī, jimi dasananhi mahuṁ jībha bicārī.

तात कबहुँ मोहि जानि अनाथा । करिहहिं कृपा भानुकुल नाथा ॥
tāta kabahuṁ mohi jāni anāthā, karihahiṁ kṛpā bhānukula nāthā.

तामस तनु कछु साधन नाहीं । प्रीति न पद सरोज मन माहीं ॥
tāmasa tanu kachu sādhana nāhīṁ, prīti na pada saroja mana māhīṁ.

अब मोहि भा भरोस हनुमंता । बिनु हरिकृपा मिलहिं नहिं संता ॥
aba mohi bhā bharosa hanumaṁtā, binu harikṛpā milahiṁ nahiṁ saṁtā.

अजर अमर गुननिधि सुत होहू । करहुँ बहुत रघुनायक छोहू ॥
ajara amara gunanidhi suta hohū, karahuṁ bahuta raghunāyaka chohū.

जौं रघुबीर अनुग्रह कीन्हा । तौ तुम्ह मोहि दरसु हठि दीन्हा ॥
jauṁ raghubīra anugraha kīnhā, tau tumha mohi darasu haṭhi dīnhā.
सुनहु बिभीषन प्रभु कै रीती । करहिं सदा सेवक पर प्रीती ॥
sunahu bibhīṣana prabhu kai rītī, karahiṁ sadā sevaka para prītī.
कहहु कवन मैं परम कुलीना । कपि चंचल सबहीं बिधि हीना ॥
kahahu kavana maiṁ parama kulīnā, kapi caṁcala sabahīṁ bidhi hīnā.
प्रात लेइ जो नाम हमारा । तेहि दिन ताहि न मिलै अहारा ॥
prāta lei jo nāma hamārā, tehi dina tāhi na milai ahārā.

Trans:
As they conversed, Vibhishan said, "See O son-of-wind, how I dwell here! My plight is like that of the poor tongue that lies trapped behind the teeth. Tell me O friend, when will the Lord of Solar Dynasty shower his grace upon me—knowing me to be bereft and parentless? Alas, endowed as I am with this demoniac form, seeped in sin, I am unable to strive for Rāma or to cherish the love for his holy feet. But wait, now I do feel a hope in my heart—for today I have met you, and one can never meet a saint without the favor of the Lord. It is because Raghubīr was kind to me that this has come to pass: that you perforce revealed yourself to me." Thereupon Hanumān said, "Listen Vibhishan, the Lord is ever affectionate to his devotees—for such is his very nature. Tell me, to what high birth can I lay any claim to—I am a frivolous monkey, vile in every way: a creature so unfortunate that even a mention of us in early mornings dooms its hearers to go without food the entire day.

दोहा-dohā:
अस मैं अधम सखा सुनु मोहू पर रघुबीर ।
asa maiṁ adhama sakhā sunu mohū para raghubīra,
कीन्ही कृपा सुमिरि गुन भरे बिलोचन नीर ॥७॥
kīnhī kṛpā sumiri guna bhare bilocana nīra. 7.

Trans:
And though I am so deplorable, yet O friend, Raghubīr has lavished his grace upon me." As he recalled the virtues of his Lord, Hanumān's eyes teared up.

चौपाई-caupāī:
जानतहूँ अस स्वामि बिसारी । फिरहिं ते काहे न होहिं दुखारी ॥
jānatahūṁ asa svāmi bisārī, phirahiṁ te kāhe na hohiṁ dukhārī.
एहि बिधि कहत राम गुन ग्रामा । पावा अनिर्बाच्य बिश्रामा ॥
ehi bidhi kahata rāma guna grāmā, pāvā anirbācya biśrāmā.
पुनि सब कथा बिभीषन कही । जेहि बिधि जनकसुता तहँ रही ॥
puni saba kathā bibhīṣana kahī, jehi bidhi janakasutā tahaṁ rahī.
तब हनुमंत कहा सुनु भ्राता । देखी चहउँ जानकी माता ॥
taba hanumaṁta kahā sunu bhrātā, dekhī cahauṁ jānakī mātā.
जुगुति बिभीषन सकल सुनाई । चलेउ पवनसुत बिदा कराई ॥
juguti bibhīṣana sakala sunāī, caleu pavanasuta bidā karāī.
करि सोइ रूप गयउ पुनि तहवाँ । बन असोक सीता रह जहवाँ ॥

मंगल भवन अमंगल हारी । द्रवउ सो दसरथ अजिर बिहारी ॥
maṁgala bhavana amaṁgala hārī, dravau so dasaratha ajira bihārī.

kari soi rūpa gayau puni tahavāṁ, bana asoka sītā raha jahavāṁ.

देखि मनहि महुँ कीन्ह प्रनामा । बैठेहिं बीति जात निसि जामा ॥
dekhi manahi mahuṁ kīnha pranāmā, baiṭhehiṁ bīti jāta nisi jāmā.

कृस तनु सीस जटा एक बेनी । जपति हृदयँ रघुपति गुन श्रेनी ॥
kṛsa tanu sīsa jaṭā eka benī, japati hṛdayaṁ raghupati guna śrenī.

Trans:

Knowing of such a Lord and yet to forget him—to drift astray for this abject world—such unfortunate souls, no wonder, remain miserable [says Tulsī]. The two, recounting Rāma's infinite virtues, found an unspeakable calm descend upon their souls. Then Vibhishan narrated the whole episode and how Janak's daughter had been held captive there. And Hanumān said, "Listen brother, I wish to see Mother Sītā at once." Vibhishan detailed out the whole strategy, and the son-of-wind took his permission and left immediately. Assuming the same diminutive form as before, Hanumān repaired to the Ashoka-grove where Sītā was held confined. As soon as he saw Sītā from afar, he made obeisance to her mentally. It was evident that she had spent the long hours of the night sitting up. There she sat—emaciated in body, her hair knotted in a single braid upon her head—repeating to herself the list of Raghupati's perfections.

दोहा-dohā:

निज पद नयन दिएँ मन राम पद कमल लीन ।
nija pada nayana dieṁ mana rāma pada kamala līna,

परम दुखी भा पवनसुत देखि जानकी दीन ॥८॥
parama dukhī bhā pavanasuta dekhi jānakī dīna. 8.

Trans:

Sītā sat, her eyes fixed upon her feet—even as her mind was completely absorbed in the thought of Rāma's lotus feet. The son-of-wind became extremely distressed to see Janak's daughter so sad.

चौपाई-caupāī:

तरु पल्लव महुँ रहा लुकाई । करइ बिचार करौं का भाई ॥
taru pallava mahuṁ rahā lukāī, karai bicāra karauṁ kā bhāī.

तेहि अवसर रावनु तहँ आवा । संग नारि बहु किएँ बनावा ॥
tehi avasara rāvanu tahaṁ āvā, saṁga nāri bahu kieṁ banāvā.

बहु बिधि खल सीतहि समुझावा । साम दान भय भेद देखावा ॥
bahu bidhi khala sītahi samujhāvā, sāma dāna bhaya bheda dekhāvā.

कह रावनु सुनु सुमुखि सयानी । मंदोदरी आदि सब रानी ॥
kaha rāvanu sunu sumukhi sayānī, maṁdodarī ādi saba rānī.

तव अनुचरीं करउँ पन मोरा । एक बार बिलोकु मम ओरा ॥
tava anucarīṁ karauṁ pana morā, eka bāra biloku mama orā.

तृन धरि ओट कहति बैदेही । सुमिरि अवधपति परम सनेही ॥
tṛna dhari oṭa kahati baidehī, sumiri avadhapati parama sanehī.

सुनु दसमुख खद्योत प्रकासा । कबहुँ कि नलिनी करइ बिकासा ॥
sunu dasamukha khadyota prakāsā, kabahuṁ ki nalinī karai bikāsā.

अजर अमर गुननिधि सुत होहू । करहुँ बहुत रघुनायक छोहू ॥
ajara amara gunanidhi suta hohū, karahuṁ bahuta raghunāyaka chohū.

अस मन समुझु कहति जानकी । खल सुधि नहिं रघुबीर बान की ॥
asa mana samujhu kahati jānakī, khala sudhi nahiṁ raghubīra bāna kī.
सठ सूनें हरि आनेहि मोही । अधम निलज्ज लाज नहिं तोही ॥
saṭha sūneṁ hari ānehi mohī, adhama nilajja lāja nahiṁ tohī.

Trans:
Concealed behind the branches Hanumān thought to himself: "Come now brother, what ought I to do now?" At that very moment Rāvan arrived there—gaily adorned and with troops of women in tow. That wretch then tried to persuade Sītā, to maneuver her in every which way, by using tacts of blandishment, allurement, threat and misrepresentations: "Listen O fair lady, O beautiful faced," he said, "I will make Mandodarī, and each of my queens, your handmaids—I swear to you—if only you will cast your glance my way just once." Plucking a blade of grass in her hand and interposing it like her shield, and with her face averted, and with her thoughts fixed upon her own dear beloved Lord, Sītā said: "Hearken O ten-headed demon, when has a lotus ever bloomed in the light of glow-worm? You better deliberate carefully in your mind—for perhaps you have no idea what Raghubīr's arrows are like—you wretch! You carried me off at a time when there was no one by my side. Don't you feel ashamed of yourself, you vile impudent rogue!"

दोहा-dohā:
आपुहि सुनि खद्योत सम रामहि भानु समान ।
āpuhi suni khadyota sama rāmahi bhānu samāna,
परुष बचन सुनि काढ़ि असि बोला अति खिसिआन ॥९॥
paruṣa bacana suni kāṛhi asi bolā ati khisiāna. 9.

Trans:
Hearing himself likened to a glow-worm and Shrī Rāma to the Sun, Rāvan felt much humiliated. Abashedly the monster drew his sword and spoke,

चौपाई-caupāī:
सीता तैं मम कृत अपमाना । काटिहउँ तव सिर कठिन कृपाना ॥
sītā taiṁ mama kṛta apamānā, kaṭihauṁ tava sira kaṭhina kṛpānā.
नाहिं त सपदि मानु मम बानी । सुमुखि होति न त जीवन हानी ॥
nāhiṁ ta sapadi mānu mama bānī, sumukhi hoti na ta jīvana hānī.
स्याम सरोज दाम सम सुंदर । प्रभु भुज करि कर सम दसकंधर ॥
syāma saroja dāma sama saṁdara, prabhu bhuja kari kara sama dasakaṁdhara.
सो भुज कंठ कि तव असि घोरा । सुनु सठ अस प्रवान पन मोरा ॥
so bhuja kaṁṭha ki tava asi ghorā, sunu saṭha asa pravāna pana morā.
चंद्रहास हरु मम परितापं । रघुपति बिरह अनल संजातं ॥
caṁdrahāsa haru mama paritāpaṁ, raghupati biraha anala saṁjātaṁ.
सीतल निसित बहसि बर धारा । कह सीता हरु मम दुख भारा ॥
sītala nisita bahasi bara dhārā, kaha sītā haru mama dukha bhārā.
सुनत बचन पुनि मारन धावा । मयतनयाँ कहि नीति बुझावा ॥
sunata bacana puni mārana dhāvā, mayatanayāṁ kahi nīti bujhāvā.

मंगल भवन अमंगल हारी । द्रवउ सो दसरथ अजिर बिहारी ॥
maṁgala bhavana amaṁgala hārī, dravau so dasaratha ajira bihārī.

रामचरितमानस — सुन्दरकाण्ड

कहेसि सकल निसिचरिन्ह बोलाई । सीतहि बहु बिधि त्रासहु जाई ॥
kahesi sakala nisicarinha bolāī, sītahi bahu bidhi trāsahu jāī.

मास दिवस महुँ कहा न माना । तौ मैं मारबि काढ़ि कृपाना ॥
māsa divasa mahuṁ kahā na mānā, tau maiṁ mārabi kāṛhi kṛpānā.

Trans:
"Sītā, you insult me, be warned, I will forthwith cut your head with this very sword. Better obey my words—and you will be spared, beautiful faced—or prepare to lose your life at one." "Hearken you ten-headed monster! My own Lord's arms—that are beautiful as dark lotuses and mighty as an elephant's trunk—either they shall have my neck, or if not, then your cruel sword: that is my solemn vow, you wretch! O you gleaming scimitar, put an end to my suffering, and let this fiery anguish that I endure for Raghupati be quenched in the dark, cool, sharp edge of your blade; let me be rid of this burden of pain", cried Sītā. On hearing these words Rāvan again stepped forward to strike her but his queen Mandodarī, the daughter of Māyā, wisely restrained him with words of admonition. Rāvan then summoned all the female guards and ordained: "Torment her in every possible way; if she does not accept my proposal in a month's time, then with this very sword I shall behead her."

दोहा-dohā:

भवन गयउ दसकंधर इहाँ पिसाचिनि बृंद ।
bhavana gayau dasakaṁdhara ihāṁ pisācini bṛṁda,

सीतहि त्रास देखावहिं धरहिं रूप बहु मंद ॥१०॥
sītahi trāsa dekhāvahiṁ dharahiṁ rūpa bahu maṁda. 10.

Trans:
Having instructed thusly, Rāvan returned to his palace; and the female Rākshas crew, assuming every kind of hideous form, proceeded to terrify and torture Sītā.

चौपाई-caupāī:

त्रिजटा नाम राच्छसी एका । राम चरन रति निपुन बिबेका ॥
trijaṭā nāma rācchasī ekā, rāma carana rati nipuna bibekā.

सबन्हौ बोलि सुनाएसि सपना । सीतहि सेइ करहु हित अपना ॥
sabanhau boli sunāesi sapanā, sītahi sei karahu hita apanā.

सपनें बानर लंका जारी । जातुधान सेना सब मारी ॥
sapaneṁ bānara laṁkā jārī, jātudhāna senā saba mārī.

खर आरूढ़ नगन दससीसा । मुंडित सिर खंडित भुज बीसा ॥
khara ārūṛha nagana dasasīsā, muṁḍita sira khaṁḍita bhuja bīsā.

एहि बिधि सो दच्छिन दिसि जाई । लंका मनहुँ बिभीषन पाई ॥
ehi bidhi so dacchina disi jāī, laṁkā manahuṁ bibhīṣana pāī.

नगर फिरी रघुबीर दोहाई । तब प्रभु सीता बोलि पठाई ॥
nagara phirī raghubīra dohāī, taba prabhu sītā boli paṭhāī.

यह सपना मैं कहउँ पुकारी । होइहि सत्य गएँ दिन चारी ॥
yaha sapanā maiṁ kahauṁ pukārī, hoihi satya gaeṁ dina cārī.

अजर अमर गुननिधि सुत होहू । करहुँ बहुत रघुनायक छोहू ॥
ajara amara gunanidhi suta hohū, karahuṁ bahuta raghunāyaka chohū.

तासु बचन सुनि ते सब डरीं । जनकसुता के चरनन्हि परीं ॥
tāsu bacana suni te saba ḍarīṁ, janakasutā ke carananhi parīṁ.

Trans:

But there was one amongst them, Trijatā by name, who was devoted to the lotus feet of Rāma and very prudent and wise. Gathering them all around her she told them of her dream and she exhorted them to serve Sītā if they truly cared for their welfare saying, "I had this dream, and in my dream I saw a monkey set fire to Laṅkā and kill the whole army of Rākshas; and I also saw the Ten-headed Rāvan, mounted on a donkey, all naked, with his heads shorn, and his twenty arms chopped; and in that manner I saw him ride towards the south; and then it appears as if Vibhishan inherits Laṅkā; and with the resounding of drums, the victory of Shrī Rāma is proclaimed throughout the land and Sītā is reunited with her Lord. This dream, I tell you, will come true within a few days time." Hearing such prophetic words, all became terrified and threw themselves at Sītā's feet.

दोहा-dohā:

जहँ तहँ गईं सकल तब सीता कर मन सोच ।
jahaṁ tahaṁ gaīṁ sakala taba sītā kara mana soca,
मास दिवस बीतें मोहि मारिहि निसिचर पोच ॥ ११ ॥
māsa divasa bīteṁ mohi mārihi nisicara poca. 11.

Trans:

Then they all scurried away, each going her own way; and Sītā thought to herself, "This vile monster will slay me at the end of a long month."

चौपाई-caupāī:

त्रिजटा सन बोलीं कर जोरी । मातु बिपति संगिनि तैं मोरी ॥
trijaṭā sana bolīṁ kara jorī, mātu bipati saṁgini taiṁ morī.
तजौं देह करु बेगि उपाई । दुसहु बिरहु अब नहिं सहि जाई ॥
tajauṁ deha karu begi upāī, dusahu birahu aba nahiṁ sahi jāī.
आनि काठ रचु चिता बनाई । मातु अनल पुनि देहि लगाई ॥
āni kāṭha racu citā banāī, mātu anala puni dehi lagāī.
सत्य करहि मम प्रीति सयानी । सुनै को श्रवन सूल सम बानी ॥
satya karahi mama prīti sayānī, sunai ko śravana sūla sama bānī.
सुनत बचन पद गहि समुझाएसि । प्रभु प्रताप बल सुजसु सुनाएसि ॥
sunata bacana pada gahi samujhāesi, prabhu pratāpa bala sujasu sunāesi.
निसि न अनल मिल सुनु सुकुमारी । अस कहि सो निज भवन सिधारी ॥
nisi na anala mila sunu sukumārī, asa kahi so nija bhavana sidhārī.
कह सीता बिधि भा प्रतिकूला । मिलिहि न पावक मिटिहि न सूला ॥
kaha sītā bidhi bhā pratikūlā, milihi na pāvaka miṭihi na sūlā.
देखिअत प्रगट गगन अंगारा । अवनि न आवत एकउ तारा ॥
dekhiata pragaṭa gagana aṁgārā, avani na āvata ekau tārā.
पावकमय ससि स्रवत न आगी । मानहुँ मोहि जानि हत भागी ॥
pāvakamaya sasi sravata na āgī, mānahuṁ mohi jāni hata bhāgī.

मंगल भवन अमंगल हारी । द्रवउ सो दसरथ अजिर बिहारी ॥
maṁgala bhavana amaṁgala hārī, dravau so dasaratha ajira bihārī.

सुनहि बिनय मम बिटप असोका । सत्य नाम करु हरु मम सोका ॥
sunahi binaya mama biṭapa asokā, satya nāma karu haru mama sokā.
नूतन किसलय अनल समाना । देहि अगिनि जनि करहि निदाना ॥
nūtana kisalaya anala samānā, dehi agini jani karahi nidānā.
देखि परम बिरहाकुल सीता । सो छन कपिहि कलप सम बीता ॥
dekhi parama birahākula sītā, so chana kapihi kalapa sama bītā.

Trans:
Then with joined palms she spoke to Trijaṭā, "O mother, in my plight you are the only help at this hour. Quick, devise some plan whereby I may be rid of this life. This bereavement of mine is intolerable and can no longer be endured. This wood I gather into a funeral pyre—get some fire to light it and make verity of my true love for my Lord, O wise one. The words of Rāvan pierce my ears like a lance—who can listen to that?" Upon hearing this Trijaṭā clasped Sītā by the feet and dissuaded her from doing so. She comforted her and recounted to her the might, majesty, and glory of Shrī Rāma. Finally saying, "Listen O Tender-one, no fire can be had at night", she too left for her home. And Sītā said to herself, "Heaven itself is so unkind. There is no fire to be had and I cannot be cured of my agony otherwise. Alas, sparks of fire are visible everywhere in the sky, but not a single star drops down below to burn my pyre! The moon is all ablaze but refuses to rain down sparks, as if knowing what a poor wretch I am. Hear my prayer, ye Ashoka trees, answer to your name and rid me of this pain: let your flame colored buds supply me with the fire to consume this body so that this agony of mine shall end." When Hanumān saw Sītā in bereavement, lamenting so piteously, every moment to him passed like an age.

सोरठा-sorathā:
कपि करि हृदयँ बिचार दीन्ह मुद्रिका डारि तब ।
kapi kari hṛdayaṁ bicāra dīnhi mudrikā ḍāri taba,
जनु असोक अंगार दीन्ह हरषि उठि कर गहेउ ॥१२॥
janu asoka aṁgāra dīnha haraṣi uṭhi kara gaheu. 12.

Trans:
After considerable thought, Hanumān then let the signet ring of Shri Rāma drop down below—as though a spark had fallen from the Ashoka. Sītā started up with joy and clasped the ring in her hands.

चौपाई-caupāī:
तब देखी मुद्रिका मनोहर । राम नाम अंकित अति सुंदर ॥
taba dekhī mudrikā manoharā, rāma nāma aṁkita ati suṁdara.
चकित चितव मुदरी पहिचानी । हरष बिषाद हृदयँ अकुलानी ॥
cakita citava mudarī pahicānī, haraṣa biṣāda hṛdayaṁ akulānī.
जीति को सकइ अजय रघुराई । माया तें असि रचि नहिं जाई ॥
jīti ko sakai ajaya raghurāī, māyā teṁ asi raci nahiṁ jāī.
सीता मन बिचार कर नाना । मधुर बचन बोलेउ हनुमाना ॥
sītā mana bicāra kara nānā, madhura bacana boleu hanumānā.

अजर अमर गुननिधि सुत होहू । करहुँ बहुत रघुनायक छोहू ॥
ajara amara gunanidhi suta hohū, karahuṁ bahuta raghunāyaka chohū.

रामचंद्र गुन बरनैं लागा । सुनतहिं सीता कर दुख भागा ॥[2]
rāmacaṁdra guna baranaiṁ lāgā, sunatahiṁ sītā kara dukha bhāgā.
लागीं सुनैं श्रवन मन लाई । आदिहु तें सब कथा सुनाई ॥
lāgīṁ sunaiṁ śravana mana lāī, ādihu teṁ saba kathā sunāī.
श्रवनामृत जेहिं कथा सुहाई । कही सो प्रगट होति किन भाई ॥
śravanāmṛta jehiṁ kathā suhāī, kahī so pragaṭa hoti kina bhāī.
तब हनुमंत निकट चलि गयऊ । फिरि बैठीं मन बिसमय भयऊ ॥
taba hanumaṁta nikaṭa cali gayaū, phiri baiṭhīṁ mana bisamaya bhayaū.
राम दूत मैं मातु जानकी । सत्य सपथ करुनानिधान की ॥
rāma dūta maiṁ mātu jānakī, satya sapatha karunānidhāna kī.
यह मुद्रिका मातु मैं आनी । दीन्हि राम तुम्ह कहँ सहिदानी ॥
yaha mudrikā mātu maiṁ ānī, dīnhi rāma tumha kahaṁ sahidānī.
नर बानरहि संग कहु कैसें । कही कथा भइ संगति जैसें ॥
nara bānarahi saṁga kahu kaiseṁ, kahī kathā bhai saṁgati jaiseṁ.

Trans:

As she examined the lovely ring engraved with the beautiful name Rāma, Sītā recognized it immediately to be her Lord's; and she was full of amazement; and her heart fluttered with a mingled joy and sorrow. "Who can conquer the unconquerable Raghurai [part the ring away from him]? And yet such a ring cannot be fabricated by Māyā's trickery"—Sītā was thinking in that vein and all sorts of fancies passed through her straitened mind when Hanumān, in a most honeyed accent, began to recount Shri Rāmachandra's praises. As Sītā listened her grief took to flight; and intently she hearkened, with her ears and her soul, to the voice which narrated the story of Rāma from the very start. "O brother, whosoever related this chronicle—which is like nectar to my ears— why not reveal yourself?" said Sītā when it was over. Thereupon Hanumān revealed himself and drew near. Seeing that it was a monkey Sītā averted her face and sat down in complete amazement. "O mother Jānakī, I am the messenger of Shrī Rāma—truly I swear to you by the All-merciful Lord Himself. It was I who brought this ring; Shrī Rāma gave it to me as a token for you." "But what would bring such fellowship between men and monkey, first say", said Sītā. Then Hanumān explained the circumstance which had wrought that strange conjugation.

दोहा-dohā:

कपि के बचन सप्रेम सुनि उपजा मन बिस्वास ।
kapi ke bacana saprema suni upajā mana bisvāsa,
जाना मन क्रम बचन यह कृपासिंधु कर दास ॥१३॥
jānā mana krama bacana yaha kṛpāsiṁdhu kara dāsa. 13.

Trans:

---

[2] श्रीराम जयराम जय जय राम śrīrāma jayarāma jaya jaya rāma

मंगल भवन अमंगल हारी । द्रवउ सो दसरथ अजिर बिहारी ॥
maṁgala bhavana amaṁgala hārī, dravau so dasaratha ajira bihārī.

As Sītā heard the affectionate speech of the monkey, her soul began to trust in him. She recognized Hanumān to be the faithful servant of the All-merciful in thought, word, and deed.

चौपाई–caupāī:

हरिजन जानि प्रीति अति गाढ़ी । सजल नयन पुलकावलि बाढ़ी ॥
harijana jāni prīti ati gāṛhī, sajala nayana pulakāvali bāṛhī.

बूड़त बिरह जलधि हनुमाना । भयहु तात मो कहुँ जलजाना ॥
būṛata biraha jaladhi hanumānā, bhayahu tāta mo kahuṁ jalajānā.

अब कहु कुसल जाउँ बलिहारी । अनुज सहित सुख भवन खरारी ॥
aba kahu kusala jāuṁ balihārī, anuja sahita sukha bhavana kharārī.

कोमलचित कृपाल रघुराई । कपि केहि हेतु धरी निठुराई ॥
komalacita kṛpāla raghurāī, kapi kehi hetu dharī niṭhurāī.

सहज बानि सेवक सुख दायक । कबहुँक सुरति करत रघुनायक ॥
sahaja bāni sevaka sukha dāyaka, kabahuṁka surati karata raghunāyaka.

कबहुँ नयन मम सीतल ताता । होइहहिं निरखि स्याम मृदु गाता ॥
kabahuṁ nayana mama sītala tātā, hoihahiṁ nirakhi syāma mṛdu gātā.

बचनु न आव नयन भरे बारी । अहह नाथ हौं निपट बिसारी ॥
bacanu na āva nayana bhare bārī, ahaha nātha hauṁ nipaṭa bisārī.

देखि परम बिरहाकुल सीता । बोला कपि मृदु बचन बिनीता ॥
dekhi parama birahākula sītā, bolā kapi mṛdu bacana binītā.

मातु कुसल प्रभु अनुज समेता । तव दुख दुखी सुकृपा निकेता ॥
mātu kusala prabhu anuja sametā, tava dukha dukhī sukṛpā niketā.

जनि जननी मानहु जियँ ऊना । तुम्ह ते प्रेमु राम कें दूना ॥
jani jananī mānahu jiyaṁ ūnā, tumha te premu rāma keṁ dūnā.

Trans:
Knowing him to be a devotee of the Lord Sītā developed an intense affection for him, and her eyes filled over with tears, and a thrill ran through her body as she spoke, "I was sinking in the ocean of bereavement, O Hanumān, but now in you I have found a bark. I beseech of thee to please tell me of their welfare, son. Please tell me that the blessed Kharari, along with his brother, is alright and well. Wherefore has the tender-hearted compassionate Lord of Raghus become so hard-hearted? Whose very nature it is to impart bliss to his devotees—am I even remembered by our Lord? Will my eyes, O son, be gladdened again by the sight of his exquisite swarthy form?" Words failed her and her eyes swam in tears, "Alas! My Lord has entirely forgotten me." Seeing Sītā sorely distressed—in intense bereavement of separation from her Lord—the monkey spoke in soothing gentle tones, "The Lord and his brother are both well, my mother—except that the All-merciful is very sorrowful in your sorrow. Do not feel disquieted O mother; do be assured that Rāma's love for you is twice as great as yours.

अजर अमर गुननिधि सुत होहू । करहुँ बहुत रघुनायक छोहू ॥
ajara amara gunanidhi suta hohū, karahuṁ bahuta raghunāyaka chohū.

दोहा-dohā:

रघुपति कर संदेसु अब सुनु जननी धरि धीरा ।
raghupati kara saṁdesu aba sunu jananī dhari dhīrā,
अस कहि कपि गदगद भयउ भरे बिलोचन नीर ॥१४॥
asa kahi kapi gadagada bhayau bhare bilocana nīra. 14.

Trans:
Now compose yourself and take heart, mother, and hearken to the message of Raghupati." Even as he spoke, the monkey's voice choked with emotions and his eyes were filled with tears.

चौपाई-caupāī:

कहेउ राम बियोग तव सीता । मो कहुँ सकल भए बिपरीता ॥
kaheu rāma biyoga tava sītā, mo kahuṁ sakala bhae biparītā.
नव तरु किसलय मनहुँ कृसानू । काल निसा सम निसि ससि भानू ॥
nava taru kisalaya manahuṁ kṛsānū, kāla nisā sama nisi sasi bhānū.
कुबलय बिपिन कुंत बन सरिसा । बारिद तपत तेल जनु बरिसा ॥
kubalaya bipina kuṁta bana sarisā, bārida tapata tela janu barisā.
जे हित रहे करत तेइ पीरा । उरग स्वास सम त्रिबिध समीरा ॥
je hita rahe karata tei pīrā, uraga svāsa sama tribidha samīrā.
कहेहू तें कछु दुख घटि होई । काहि कहौं यह जान न कोई ॥
kahehū teṁ kachu dukha ghaṭi hoī, kāhi kahauṁ yaha jāna na koī.
तत्व प्रेम कर मम अरु तोरा । जानत प्रिया एकु मनु मोरा ॥
tatva prema kara mama aru torā, jānata priyā eku manu morā.
सो मनु सदा रहत तोहि पाहीं । जानु प्रीति रसु एतनेहि माहीं ॥
so manu sadā rahata tohi pāhīṁ, jānu prīti rasu etanehi māhīṁ.
प्रभु संदेसु सुनत बैदेही । मगन प्रेम तन सुधि नहिं तेही ॥
prabhu saṁdesu sunata baidehī, magana prema tana sudhi nahiṁ tehī.
कह कपि हृदयँ धीर धरु माता । सुमिरु राम सेवक सुखदाता ॥
kaha kapi hṛdayaṁ dhīra dharu mātā, sumiru rāma sevaka sukhadātā.
उर आनहु रघुपति प्रभुताई । सुनि मम बचन तजहु कदराई ॥
ura ānahu raghupati prabhutāī, suni mama bacana tajahu kadarāī.

Trans:
"Here is what Shrī Rāma has conveyed: 'Ever since I have been separated from you, O Sītā, everything to me has become its very reverse. The budding tender foliage on trees looks to me like tongues of fire; the night appears dreadful as the night of final dissolution; the moon scorches like the sun; fields of lotuses appear like so many spears impaled on the ground; the rain-clouds appear to pour down roiling oil. That which comforted before, now torments; and the cool, soft, fragrant breezes are now like the fiery breaths of serpents. Sharing is said to relieve anguish but to whom can I say?—for there is no one who will understand. The essence of love which binds you to me is known only to my own soul, O dear. My heart ever abides with you…—from afar know of my love for you with just these words.'" As Vaidehī listened to

Rāma's message she was overwhelmed with love and lost all sense of body consciousness. The monkey spoke again, "O mother, please collect yourself, take heart, and fix your mind upon Shrī Rāma—remembering him as the benefactor of his devotees. Reflect upon his might, listen to my words, and cast away all anxiety.

दोहा-dohā:

निसिचर निकर पतंग सम रघुपति बान कृसानु ।
nisicara nikara pataṁga sama raghupati bāna kṛsānu,
जननी हृदयँ धीर धरु जरे निसाचर जानु ॥१५॥
jananī hṛdayaṁ dhīra dharu jare nisācara jānu. 15.

Trans:

To the flames of Raghupati's shafts, the demons are just like so many moths; take them to be incinerated already; have courage, O mother.

चौपाई-caupāī:

जौं रघुबीर होति सुधि पाई । करते नहिं बिलंबु रघुराई ॥
jauṁ raghubīra hoti sudhi pāī, karate nahiṁ bilambu raghurāī.
राम बान रबि उएँ जानकी । तम बरूथ कहँ जातुधान की ॥
rāma bāna rabi ueṁ jānakī, tama barūtha kahaṁ jātudhāna kī.
अबहिं मातु मैं जाउँ लवाई । प्रभु आयसु नहिं राम दोहाई ॥
abahiṁ mātu maiṁ jāuṁ lavāī, prabhu āyasu nahiṁ rāma dohāī.
कछुक दिवस जननी धरु धीरा । कपिन्ह सहित अइहहिं रघुबीरा ॥
kachuka divasa jananī dharu dhīrā, kapinha sahita aihahiṁ raghubīrā.
निसिचर मारि तोहि लै जैहहिं । तिहुँ पुर नारदादि जसु गैहहिं ॥
nisicara māri tohi lai jaihahiṁ, tihuṁ pura nāradādi jasu gaihahiṁ.
हैं सुत कपि सब तुम्हहि समाना । जातुधान अति भट बलवाना ॥
haiṁ suta kapi saba tumhahi samānā, jātudhāna ati bhaṭa balavānā.
मोरें हृदय परम संदेहा । सुनि कपि प्रगट कीन्हि निज देहा ॥
moreṁ hṛdaya parama saṁdehā, suni kapi pragaṭa kīnhi nija dehā.
कनक भूधराकार सरीरा । समर भयंकर अतिबल बीरा ॥
kanaka bhūdharākāra sarīrā, samara bhayaṁkara atibala bīrā.
सीता मन भरोस तब भयऊ । पुनि लघु रूप पवनसुत लयऊ ॥
sītā mana bharosa taba bhayaū, puni laghu rūpa pavanasuta layaū.

Trans:

If Raghubīr had known your whereabouts he wouldn't have delayed. Now know this: To disperse the darkness of demon hosts, the fiery shafts of Rāma—alike the brilliant rays of rising Sun—are about to appear on the horizon. I myself could take you now mother but—I swear to you by Rāma—I haven't received any orders for that. Be patient for just a few days more and Shrī Rāma will himself arrive along with the army of monkeys. Killing the demons he will rescue you; and Nārad and others will get to sing the Lord's glories in the three spheres of creation for all times to come." "Are all the monkeys just like you, my son? The demon warriors are huge and powerful,

अजर अमर गुननिधि सुत होहू । करहुँ बहुत रघुनायक छोहू ॥
ajara amara gunanidhi suta hohū, karahuṁ bahuta raghunāyaka chohū.

and my heart becomes rather doubtful [when I envision the contrast]." Upon hearing that Hanumān revealed himself in his natural form: colossal as a mountain of gold, terrible in battle, possessing vast might, gallant, replete with valor. Sītā took comfort at the sight and the son-of-wind once again resumed his diminutive form.

dohā-dohā:

सुनु माता साखामृग नहिं बल बुद्धि बिसाल ।
sunu mātā sākhāmṛga nahiṁ bala buddhi bisāla,
प्रभु प्रताप तें गरुड़हि खाइ परम लघु ब्याल ॥१६॥
prabhu pratāpa teṁ garuṛahi khāi parama laghu byāla. 16.

Trans:

"Hearken mother, we monkeys have no great strength or wit of our own, but by the favor of Lord Rāma even a snake—small as it is—might swallow a Garuḍa."

caupāī-caupāī:

मन संतोष सुनत कपि बानी । भगति प्रताप तेज बल सानी ॥
mana saṁtoṣa sunata kapi bānī, bhagati pratāpa teja bala sānī.
आसिष दीन्हि रामप्रिय जाना । होहु तात बल सील निधाना ॥
āsiṣa dīnhi rāmapriya jānā, hohu tāta bala sīla nidhānā.
अजर अमर गुननिधि सुत होहू । करहुँ बहुत रघुनायक छोहू ॥
ajara amara gunanidhi suta hohū, karahuṁ bahuta raghunāyaka chohū.
करहुँ कृपा प्रभु अस सुनि काना । निर्भर प्रेम मगन हनुमाना ॥
karahuṁ kṛpā prabhu asa suni kānā, nirbhara prema magana hanumānā.
बार बार नाएसि पद सीसा । बोला बचन जोरि कर कीसा ॥
bāra bāra nāesi pada sīsā, bolā bacana jori kara kīsā.
अब कृतकृत्य भयउँ मैं माता । आसिष तव अमोघ बिख्याता ॥
aba kṛtakṛtya bhayauṁ maiṁ mātā, āsiṣa tava amogha bikhyātā.
सुनहु मातु मोहि अतिसय भूखा । लागि देखि सुंदर फल रूखा ॥
sunahu mātu mohi atisaya bhūkhā, lāgi dekhi suṁdara phala rūkhā.
सुनु सुत करहिं बिपिन रखवारी । परम सुभट रजनीचर भारी ॥
sunu suta karahiṁ bipina rakhavārī, parama subhaṭa rajanīcara bhārī.
तिन्ह कर भय माता मोहि नाहीं । जौं तुम्ह सुख मानहु मन माहीं ॥
tinha kara bhaya mātā mohi nāhīṁ, jauṁ tumha sukha mānahu mana māhīṁ.

Trans:

Sītā felt gratified in her heart as she hearkened to the monkey's words—full of devotion and so revealing of the might and majesty of her Lord. Recognizing Hanumān to be the beloved of Shrī Rāma, Sītā showered upon him her choicest blessings: "May you become the very monument of virtue and might, my son! May you become ageless, deathless and a treasure-house of every good quality. And my son, may the Lord of Raghus ever remain abundantly gracious to you." 'That the Lord will ever shower his grace'—hearing this Hanumān became utterly overwhelmed with emotion. Again and

मंगल भवन अमंगल हारी । द्रवउ सो दसरथ अजिर बिहारी ॥
maṁgala bhavana amaṁgala hārī, dravau so dasaratha ajira bihārī.

again he bowed his head at mother Sītā's feet and with folded hands said, "Now I have found everything I ever need in life, my mother, for your blessing is completely unfailing—this the whole world knows." Then recovering, the monkey said, "Listen mother I am frightfully hungry, especially seeing these trees laden with delicious fruits." "Listen son, this grove is guarded by the most formidable terrible monsters." "Mother, I have no fear of them; if you feel easy in your heart and approve, then just say the word."

दोहा-dohā:

देखि बुद्धि बल निपुन कपि कहेउ जानकीं जाहु ।
dekhi buddhi bala nipuna kapi kaheu jānakīṁ jāhu,
रघुपति चरन हृदयँ धरि तात मधुर फल खाहु ॥ १७ ॥
raghupati carana hṛdayaṁ dhari tāta madhura phala khāhu. 17.

Trans:

Seeing that the monkey was perfect in strength and sagacity, Jānakī said: "Fixing your heart upon Lord Raghupati's holy feet, go partake of these delicious fruits, son."

चौपाई-caupāī:

चलेउ नाइ सिरु पैठेउ बागा । फल खाएसि तरु तोरैं लागा ॥
caleu nāi siru paiṭheu bāgā, phala khāesi taru toraiṁ lāgā.
रहे तहाँ बहु भट रखवारे । कछु मारेसि कछु जाइ पुकारे ॥
rahe tahāṁ bahu bhaṭa rakhavāre, kachu māresi kachu jāi pukāre.
नाथ एक आवा कपि भारी । तेहिं असोक बाटिका उजारी ॥
nātha eka āvā kapi bhārī, tehiṁ asoka bāṭikā ujārī.
खाएसि फल अरु बिटप उपारे । रच्छक मर्दि मर्दि महि डारे ॥
khāesi phala aru biṭapa upāre, racchaka mardi mardi mahi ḍāre.
सुनि रावन पठए भट नाना । तिन्हहि देखि गर्जेउ हनुमाना ॥
suni rāvana paṭhae bhaṭa nānā, tinhahi dekhi garjeu hanumānā.
सब रजनीचर कपि संघारे । गए पुकारत कछु अधमारे ॥
saba rajanīcara kapi saṁghāre, gae pukārata kachu adhamāre.
पुनि पठयउ तेहिं अच्छकुमारा । चला संग लै सुभट अपारा ॥
puni paṭhayau tehiṁ acchakumārā, calā saṁga lai subhaṭa apārā.
आवत देखि बिटप गहि तर्जा । ताहि निपाति महाधुनि गर्जा ॥
āvata dekhi biṭapa gahi tarjā, tāhi nipāti mahādhuni garjā.

Trans:

Bowing his head Hanumān left and entered the grove; there he ate the fruits and many a tree he broke. Of the several warriors posted there as guards, some were killed by Hanumān while the rest took to flight and yelped for help, "O lord, an enormous monkey has come and laid waste to the whole Ashoka-grove. He has eaten fruits, uprooted trees, and mauled many guards, mashing them into the ground." Hearing that, Rāvan immediately dispatched several fighters. At the sight of them Hanumān roared like thunder and slaughtered them all. A few that survived—more dead than alive—bolted away screaming. Rāvan then sent his young prince Akshya, who took with

अजर अमर गुननिधि सुत होहू । करहुँ बहुत रघुनायक छोहू ॥
ajara amara gunanidhi suta hohū, karahuṁ bahuta raghunāyaka chohū.

him a vast number of his very best warriors. Seeing them approach Hanumān seized a tree, brandishing which he killed the prince in one fell swoop—and then Hanumān let out a terrible roar.

दोहा-dohā:

कछु मारेसि कछु मर्देसि कछु मिलएसि धरि धूरि ।
kachu māresi kachu mardesi kachu milaesi dhari dhūri,
कछु पुनि जाइ पुकारे प्रभु मर्कट बल भूरि ॥१८॥
kachu puni jāi pukāre prabhu markaṭa bala bhūri. 18.

Trans:

And of the remaining army, some Hanumān mangled, some he crushed, some he laid low in the dust; some again fled to Rāvan and cried, "O lord, the monkey is much too strong for us."

चौपाई-caupāī:

सुनि सुत बध लंकेस रिसाना । पठएसि मेघनाद बलवाना ॥
suni suta badha laṁkesa risānā, paṭhaesi meghanāda balavānā.
मारसि जनि सुत बांधेसु ताही । देखिअ कपिहि कहाँ कर आही ॥
mārasi jani suta bāṁdhesu tāhī, dekhia kapihi kahāṁ kara āhī.
चला इंद्रजित अतुलित जोधा । बंधु निधन सुनि उपजा क्रोधा ॥
calā iṁdrajita atulita jodhā, baṁdhu nidhana suni upajā krodhā.
कपि देखा दारुन भट आवा । कटकटाइ गर्जा अरु धावा ॥
kapi dekhā dāruna bhaṭa āvā, kaṭakaṭāi garjā aru dhāvā.
अति बिसाल तरु एक उपारा । बिरथ कीन्ह लंकेस कुमारा ॥
ati bisāla taru eka upārā, biratha kīnha laṁkesa kumārā.
रहे महाभट ताके संगा । गहि गहि कपि मर्दइ निज अंगा ॥
rahe mahābhaṭa tāke saṁgā, gahi gahi kapi mardai nija aṁgā.
तिन्हहि निपाति ताहि सन बाजा । भिरे जुगल मानहुँ गजराजा ॥
tinhahi nipāti tāhi sana bājā, bhire jugala mānahuṁ gajarājā.
मुठिका मारि चढ़ा तरु जाई । ताहि एक छन मुरुछा आई ॥
muṭhikā māri caṛhā taru jāī, tāhi eka chana muruchā āī.
उठि बहोरि कीन्हिसि बहु माया । जीति न जाइ प्रभंजन जाया ॥
uṭhi bahori kīnhisi bahu māyā, jīti na jāi prabhaṁjana jāyā.

Trans:

The King of Lankā flew into rage when he learnt of his son's death and sent his most valiant son Meghnād. "Do not kill him son, but bind him and bring him here; I would fain see this monkey and where he comes from." With many excellent warriors, the conqueror of Indra tore forward—a peerless champion, full of burning fury at the tidings of his brother's death. When Hanumān saw a formidable chieftain approaching this time, he gnashed his teeth and hollering frightfully lunged at him. Uprooting an enormous tree he smashed it down on the chariot—rendering the crown prince of Lankā chariot-less. The mighty warriors who had accompanied the prince were seized one by one by Hanumān and crushed under his limbs. Having finished

---

मंगल भवन अमंगल हारी । द्रवउ सो दसरथ अजिर बिहारी ॥
maṁgala bhavana amaṁgala hārī, dravau so dasaratha ajira bihārī.

them off, he again closeted with Meghnād—and verily it was an encounter of two lordly elephants. After dealing him a deadly blow, Hanumān sprang and climbed upon a tree. Meghnād lay unconscious for a few moments and then rose up to fight again—this time resorting to delusive tricks of wizardry—but the son-of-wind was not to be vanquished.

दोहा-dohā:

ब्रह्म अस्त्र तेहिं साँधा कपि मन कीन्ह बिचार ।
brahma astra tehiṁ sāṁdhā kapi mana kīnha bicāra,
जौं न ब्रह्मसर मानउँ महिमा मिटइ अपार ॥ १९ ॥
jauṁ na brahmasara mānauṁ mahimā miṭai apāra. 19.

Trans:

Finally Meghnād made ready with the invincible Brahmāstra. At that the monkey thought to himself: "If I do not submit to Brahmmā's shaft, its infinite fame will have come to naught."

चौपाई-caupāī:

ब्रह्मबान कपि कहुँ तेहिं मारा । परतिहुँ बार कटकु सघांरा ॥
brahmabāna kapi kahuṁ tehiṁ mārā, paratihuṁ bāra kaṭaku saṁghārā.
तेहिं देखा कपि मुरुछित भयउ । नागपास बाँधेसि लै गयउ ॥
tehiṁ dekhā kapi muruchita bhayaū, nāgapāsa bāṁdhesi lai gayaū.
जासु नाम जपि सुनहु भवानी । भव बंधन काटहिं नर ग्यानी ॥
jāsu nāma japi sunahu bhavānī, bhava baṁdhana kāṭahiṁ nara gyānī.
तासु दूत कि बंध तरु आवा । प्रभु कारज लगि कपिहिं बँधावा ॥
tāsu dūta ki baṁdha taru āvā, prabhu kāraja lagi kapihiṁ baṁdhāvā.
कपि बंधन सुनि निसिचर धाए । कौतुक लागि सभाँ सब आए ॥
kapi baṁdhana suni nisicara dhāe, kautuka lāgi sabhāṁ saba āe.
दसमुख सभा दीखि कपि जाई । कहि न जाइ कछु अति प्रभुताई ॥
dasamukha sabhā dīkhi kapi jāī, kahi na jāi kachu ati prabhutāī.
कर जोरें सुर दिसिप बिनीता । भ्रूकुटि बिलोकत सकल सभीता ॥
kara joreṁ sura disipa binītā, bhṛkuṭi bilokata sakala sabhītā.
देखि प्रताप न कपि मन संका । जिमि अहिगन महुँ गरुड़ असंका ॥
dekhi pratāpa na kapi mana saṁkā, jimi ahigana mahuṁ garuṛa asaṁkā.

Trans:

Meghnād launched the Brahmāstra against Hanumān and he fell—taking down the whole demon host as he went crashing. Seeing that the monkey was in a swoon, Meghnād tied him up in the Serpent-Noose and carried him away. Observe, O Bhavānī [said Shiva], how the emissary of Rāma—by the repetition of whose very name the fetters of worldly bondages are rent asunder—today himself became ensnared it would seem. But in reality it was in the service to his Lord that Hanumān submitted himself to be thusly bound. The citizens, upon hearing that the monkey had finally been caught, all rushed to enjoy the spectacle. There arriving at Rāvan's court Hanumān scrutinized it, and its superb glory baffled all descriptions. Even the gods and

अजर अमर गुननिधि सुत होहू । करहुँ बहुत रघुनायक छोहू ॥
ajara amara gunanidhi suta hohū, karahuṁ bahuta raghunāyaka chohū.

the regents-of-quarters stood meekly there with hands folded, ever watchful of the mere hint of Rāvan's eyebrow in great fear. The monkey's heart remained unruffled at the sight of such power and splendor—even as a Garud remains unconcerned amidst serpents, even though countless in numbers.

दोहा-dohā:

कपिहि बिलोकि दसानन बिहसा कहि दुर्बाद ।
kapihi biloki dasānana bihasā kahi durbāda,
सुत बध सुरति कीन्हि पुनि उपजा हृदयँ बिषाद ॥२०॥
suta badha surati kīnhi puni upajā hṛdayam̐ biṣāda. 20.

Trans:
When he looked at the monkey, Rāvan laughed contemptuously and mocked him; then remembering his son's death his heart grew sad.

चौपाई-caupāī:

कह लंकेस कवन तैं कीसा । केहि कें बल घालेहि बन खीसा ॥
kaha laṁkesa kavana taiṁ kīsā, kehi keṁ bala ghālehi bana khīsā.
की धौं श्रवन सुनेहि नहिं मोही । देखउँ अति असंक सठ तोही ॥
kī dhauṁ śravana sunehi nahiṁ mohī, dekhauṁ ati asaṁka saṭha tohī.
मारे निसिचर केहिं अपराधा । कहु सठ तोहि न प्रान कइ बाधा ॥
māre nisicara kehiṁ aparādhā, kahu saṭha tohi na prāna kai bādhā.
सुनु रावन ब्रह्मांड निकाया । पाइ जासु बल बिरचति माया ॥
sunu rāvana brahmāṁḍa nikāyā, pāi jāsu bala biracati māyā.
जाकें बल बिरंचि हरि ईसा । पालत सृजत हरत दससीसा ॥
jākeṁ bala biraṁci hari īsā, pālata sṛjata harata dasasīsā.
जा बल सीस धरत सहसानन । अंडकोस समेत गिरि कानन ॥
jā bala sīsa dharata sahasānana, aṁḍakosa sameta giri kānana.
धरइ जो बिबिध देह सुरत्राता । तुम्ह ते सठन्ह सिखावनु दाता ॥
dharai jo bibidha deha suratrātā, tumha te saṭhanha sikhāvanu dātā.
हर कोदंड कठिन जेहिं भंजा । तेहि समेत नृप दल मद गंजा ॥
hara kodaṁḍa kaṭhina jehiṁ bhaṁjā, tehi sameta nṛpa dala mada gaṁjā.
खर दूषन त्रिसिरा अरु बाली । बधे सकल अतुलित बलसाली ॥
khara dūṣana trisirā aru bālī, badhe sakala atulita balasālī.

Trans:
The King of Lankā then thundered, "Who are you monkey and by whose right have you wrought destruction on the Grove? What! Have you never heard of me and my repute? Wretch, I can see that you are exceptionally bold! For what offence did you put the guards to death? Tell me fool—are you not afraid of losing your life?" "Listen Rāvan: He—by whose power Māyā has spun out this sphere of existence—borrowing whose might, Brahmmā, Vishnu, and Īsha carry on with their respective functions of creation, preservation and destruction—by whose might again, the thousand-headed serpent supports on his pate the entire globe with its mountains and forests—who from Age to Age takes on various Avatars in order to protect

---

मंगल भवन अमंगल हारी । द्रवउ सो दसरथ अजिर बिहारी ॥
maṁgala bhavana amaṁgala hārī, dravau so dasaratha ajira bihārī.

the virtuous—and who, in order to teach lesson to wretches like you, broke Shiva's unbending bow and thereby crushed with it the pride of an assemblage of kings—and who slew Khara and Dushan, Trisira and Bali, all of matchless strengths;—

दोहा-*dohā*:

जाके बल लवलेस तें जितेहु चराचर झारि ।
jāke bala lavalesa teṁ jitehu carācara jhāri,
तासु दूत मैं जा करि हरि आनेहु प्रिय नारि ॥२१॥
tāsu dūta maiṁ jā kari hari ānehu priya nāri. 21.

Trans:

—and borrowing a fraction of whose strength you were able to conquer many worlds—and whose beloved spouse you have craftily abducted—it is He, Shrī Rāma, whose envoy I am.

चौपाई-*caupāī*:

जानउँ मैं तुम्हारि प्रभुताई । सहसबाहु सन परी लराई ॥
jānauṁ maiṁ tumhāri prabhutāī, sahasabāhu sana parī larāī.
समर बालि सन करि जसु पावा । सुनि कपि बचन बिहसि बिहरावा ॥
samara bāli sana kari jasu pāvā, suni kapi bacana bihasi biharāvā.
खायउँ फल प्रभु लागी भूँखा । कपि सुभाव तें तोरेउँ रूखा ॥
khāyauṁ phala prabhu lāgī bhūṁkhā, kapi subhāva teṁ toreuṁ rūkhā.
सब कें देह परम प्रिय स्वामी । मारहिं मोहि कुमारग गामी ॥
saba keṁ deha parama priya svāmī, mārahiṁ mohi kumāraga gāmī.
जिन्ह मोहि मारा ते मैं मारे । तेहि पर बाँधेउँ तनयँ तुम्हारे ॥
jinha mohi mārā te maiṁ māre, tehi para bāṁdheṁ tanayaṁ tumhāre.
मोहि न कछु बाँधे कइ लाजा । कीन्ह चहउँ निज प्रभु कर काजा ॥
mohi na kachu bāṁdhe kai lājā, kīnha cahauṁ nija prabhu kara kājā.
बिनती करउँ जोरि कर रावन । सुनहु मान तजि मोर सिखावन ॥
binatī karauṁ jori kara rāvana, sunahu māna taji mora sikhāvana.
देखहु तुम्ह निज कुलहि बिचारी । भ्रम तजि भजहु भगत भय हारी ॥
dekhahu tumha nija kulahi bicārī, bhrama taji bhajahu bhagata bhaya hārī.
जाकें डर अति काल डेराई । जो सुर असुर चराचर खाई ॥
jākeṁ ḍara ati kāla ḍerāī, jo sura asura carācara khāī.
तासों बयरु कबहुँ नहिं कीजै । मोरे कहें जानकी दीजै ॥
tāsoṁ bayaru kabahuṁ nahiṁ kījai, more kaheṁ jānakī dījai.

Trans:

And as for you, I know all your repute—for was it not you who battled with Sahastrabhuj [and lost]? And again, who doesn't know of your renown in your conflict with Bāli [who humiliated you]." At Hanumān's sarcasm, Rāvan could but put on a deceptive smile of dismissal. Hanumān spoke again, "I was hungry so I ate the fruits; and a monkey is wont to break a few boughs and trees—what of it? And when those wicked doers insisted on beating me then I had no recourse but to return blow for a blow—after all one's body, sir, is

---

अजर अमर गुननिधि सुत होहू । करहुँ बहुत रघुनायक छोहू ॥
ajara amara gunanidhi suta hohū, karahuṁ bahuta raghunāyaka chohū.

supremely dear to all. [I am blameless] and yet your son has put me in these bonds—bonds that I am in no way ashamed of—because my objective is to accomplish my master's work. Now Rāvan I implore you with folded hands—abandon your pride and tend to my advice—and do consider it very carefully in your heart: wake up from your hallucinations, and worship Shrī Rāma, who rids his devotees of every fear. He, who is feared even by Death—which itself is known to devour everything, animate & inanimate, gods & demons—do not, O Rāvan, antagonize that Supreme-Being, and do please return Jānakī at my behest.

दोहा-*dohā*:

प्रनतपाल रघुनायक करुना सिंधु खरारि ।
pranatapāla raghunāyaka karunā siṁdhu kharāri,
गएँ सरन प्रभु राखिहैं तव अपराध बिसारि ॥२२॥
gaeṁ sarana prabhu rākhihaiṁ tava aparādha bisāri. 22.

Trans:
Raghunāyak is the protector of suppliants; Kharāri is the very ocean of compassion; turn to Him for shelter and the Lord will forgive all your offences and grant you His protection.

चौपाई-*caupāī*:

राम चरन पंकज उर धरहू । लंका अचल राजु तुम्ह करहू ॥
rāma carana paṁkaja ura dharahū, laṁkā acala rāju tumha karahū.
रिषि पुलस्ति जसु बिमल मंयका । तेहि ससि महुँ जनि होहु कलंका ॥
riṣi pulasti jasu bimala maṁyakā, tehi sasi mahuṁ jani hohu kalaṁkā.
राम नाम बिनु गिरा न सोहा । देखु बिचारि त्यागि मद मोहा ॥
rāma nāma binu girā na sohā, dekhu bicāri tyāgi mada mohā.
बसन हीन नहिं सोह सुरारी । सब भूषन भूषित बर नारी ॥
basana hīna nahiṁ soha surārī, saba bhūṣana bhūṣita bara nārī.
राम बिमुख संपति प्रभुताई । जाइ रही पाई बिनु पाई ॥
rāma bimukha saṁpati prabhutāī, jāi rahī pāī binu pāī.
सजल मूल जिन्ह सरितन्ह नाहीं । बरषि गए पुनि तबहिं सुखाहीं ॥
sajala mūla jinha saritanha nāhīṁ, baraṣi gae puni tabahiṁ sukhāhīṁ.
सुनु दसकंठ कहउँ पन रोपी । बिमुख राम त्राता नहिं कोपी ॥
sunu dasakaṁtha kahauṁ pana ropī, bimukha rāma trātā nahiṁ kopī.
संकर सहस बिष्नु अज तोही । सकहिं न राखि राम कर द्रोही ॥
saṁkara sahasa biṣnu aja tohī, sakahiṁ na rākhi rāma kara drohī.

Trans:
Enshrine the image of Rāma's lotus feet in your heart and enjoy uninterrupted sovereignty over Laṅkā. The glory of your grandsire, sage Pulastya, is stainless as the moon—so do not make yourself a dark spot in its brightness. Cast away arrogance & infatuation, and ponder and see for yourself—even speech is charm-less without Rāma's name in it. Without her clothes, O Rāvan, a modest woman, however well adorned with jewels, is a shameful sight; [and so is wealth and dominion without Rāma by your side.]

मंगल भवन अमंगल हारी । द्रवउ सो दसरथ अजिर बिहारी ॥
maṁgala bhavana amaṁgala hārī, dravau so dasaratha ajira bihārī.

Fortunes and lordships—of one who is hostile to Rāma—eventually leave him, and even if they do stay a while, they are as good as lost already. Such rivers that have no perennial source flow only when it rains and then dry up soon. Hearken, O Ten-headed, and I declare this upon sworn oath: There is none to save one who stands opposed to Rāma. Shankar, Vishnu and Brahma by the thousands will be unable to protect you if you become an enemy of Shri Rāma.

दोहा-dohā:

मोहमूल बहु सूल प्रद त्यागहु तम अभिमान ।
mohamūla bahu sūla prada tyāgahu tama abhimāna,
भजहु राम रघुनायक कृपा सिंधु भगवान ॥२३॥
bhajahu rāma raghunāyaka kṛpā siṁdhu bhagavāna. 23.

Trans:
Abandon arrogance—which is the embodiment of Tamas, rooted as it is in Ignorance—that fount of endless pain—and adore the Chief of Raghus, Bhagwān Rāma, the very Ocean of Compassion."

चौपाई-caupāī:

जदपि कही कपि अति हित बानी । भगति बिबेक बिरति नय सानी ॥
jadapi kahī kapi ati hita bānī, bhagati bibeka birati naya sānī.
बोला बिहसि महा अभिमानी । मिला हमहि कपि गुर बड़ ग्यानी ॥
bolā bihasi mahā abhimānī, milā hamahi kapi gura baṛa gyānī.
मृत्यु निकट आई खल तोही । लागेसि अधम सिखावन मोही ॥
mṛtyu nikaṭa āī khala tohī, lāgesi adhama sikhāvana mohī.
उलटा होइहि कह हनुमाना । मतिभ्रम तोर प्रगट मैं जाना ॥
ulaṭā hoihi kaha hanumānā, matibhrama tora pragaṭa maiṁ jānā.
सुनि कपि बचन बहुत खिसिआना । बेगि न हरहु मूढ़ कर प्राना ॥
suni kapi bacana bahuta khisiānā, begi na harahu mūṛha kara prānā.
सुनत निसाचर मारन धाए । सचिवन्ह सहित बिभीषनु आए ॥
sunata nisācara mārana dhāe, sacivanha sahita bibhīṣanu āe.
नाइ सीस करि बिनय बहूता । नीति बिरोध न मारिअ दूता ॥
nāi sīsa kari binaya bahūtā, nīti birodha na māria dūtā.
आन दंड कछु करिअ गोसाँई । सबहीं कहा मंत्र भल भाई ॥
āna daṁḍa kachu karia gosām̐ī, sabahīṁ kahā maṁtra bhala bhāī.
सुनत बिहसि बोला दसकंधर । अंग भंग करि पठइअ बंदर ॥
sunata bihasi bolā dasakaṁdhara, aṁga bhaṁga kari paṭhaia baṁdara.

Trans:
Although the monkey spoke friendly wise and gave exceedingly salutary advice—replete with devotion, discrimination, dispassion, depth—the haughty monster-king laughed and spoke with disdain, "Ah, what a wise sage we have found today, and in a monkey at that! You dare to preach me, you fool! Wretch, you are an inch away from your death." "Actually, the very opposite is the case", retorted Hanumān, "For I clearly perceive that you have

---

अजर अमर गुननिधि सुत होहू । करहुँ बहुत रघुनायक छोहू ॥
ajara amara gunanidhi suta hohū, karahuṁ bahuta raghunāyaka chohū.

become delusional." Hearing those words, the humiliated demon-king gnashed his teeth in fury, "Quick someone, put an end to this fool's life." Obediently several monsters rushed forward to strike him. At that moment Vibhishan stepped up along with his ministers, and bowing his head made this humble petition: "It is against all rules of statecraft to slay an emissary; perhaps he can be punished some other way, O master." "That indeed is sound counsel friends", many agreed. Hearing this Rāvan laughingly said, "All right then, let the monkey go after he has been mutilated.

दोहा-dohā:

कपि कें ममता पूँछ पर सबहि कहउँ समुझाइ ।
kapi kem̐ mamatā pūm̐cha para sabahi kahaum̐ samujhāi,
तेल बोरि पट बाँधि पुनि पावक देहु लगाइ ॥२४॥
tela bori paṭa bām̐dhi puni pāvaka dehu lagāi. 24.

Trans:

And let me impart to you this sagacious advice: a monkey is very fond of his tail. So wrap his tail in oil-soaked rags and then set fire to it.

चौपाई-caupāī:

पूँछहीन बानर तहँ जाइहि । तब सठ निज नाथहि लइ आइहि ॥
pūm̐chahīna bānara taham̐ jāihi, taba saṭha nija nāthahi lai āihi.
जिन्ह कै कीन्हिसि बहुत बड़ाई । देखउँ मैं तिन्ह कै प्रभुताई ॥
jinha kai kīnhisi bahuta baṛāī, dekhaum̐ maim̐ tinha kai prabhutāī.
बचन सुनत कपि मन मुसुकाना । भइ सहाय सारद मैं जाना ॥
bacana sunata kapi mana musukānā, bhai sahāya sārada maim̐ jānā.
जातुधान सुनि रावन बचना । लागे रचैं मूढ़ सोइ रचना ॥
jātudhāna suni rāvana bacanā, lāge racaim̐ mūṛha soi racanā.
रहा न नगर बसन घृत तेला । बाढ़ी पूँछ कीन्ह कपि खेला ॥
rahā na nagara basana ghṛta telā, bāṛhī pūm̐cha kīnha kapi khelā.
कौतुक कहँ आए पुरबासी । मारहिं चरन करहिं बहु हाँसी ॥
kautuka kaham̐ āe purabāsī, mārahim̐ carana karahim̐ bahu hām̐sī.
बाजहिं ढोल देहिं सब तारी । नगर फेरि पुनि पूँछ प्रजारी ॥
bājahim̐ ḍhola dehim̐ saba tārī, nagara pheri puni pūm̐cha prajārī.
पावक जरत देखि हनुमंता । भयउ परम लघुरुप तुरंता ॥
pāvaka jarata dekhi hanumaṁtā, bhayau parama laghurupa turaṁtā.
निबुकि चढ़ेउ कपि कनक अटारी । भई सभीत निसाचर नारी ॥
nibuki caṛheu kapi kanaka aṭārīm̐, bhaim̐ sabhīta nisācara nārīm̐.

Trans:

The poor tail-less wretch can then go fetch his master and I will get to see him whose powers he so lavishly extols." The monkey smiled to himself upon hearing this, 'Goddess Shārdā is certainly proving helpful it seems.' Obedient to Rāvan's command the foolish demons began to do what they were ordained. Not a rag was left in the city, nor a drop of *ghī* or oil—to such a length Hanumān grew his tail in playful gesture. The citizens throng to see the

मंगल भवन अमंगल हारी । द्रवउ सो दसरथ अजिर बिहारी ॥
maṁgala bhavana amaṁgala hārī, dravau so dasaratha ajira bihārī.

fun, and they kick him and jeer at him, and with the beating of drums and clapping of hands they parade the monkey throughout the city; and then they set fire to his tail. When Hanumān saw that the fire had been lit, he at once reduced himself to a diminutive size. Slipping out of bonds he sprang atop the attics of the gilded mansions—much to the dismay of the females of demons there.

दोहा-dohā:

हरि प्रेरित तेहि अवसर चले मरुत उनचास ।
hari prerita tehi avasara cale maruta unacāsa,
अट्टहास करि गर्जा कपि बढ़ि लाग अकास ॥२५॥
aṭṭahāsa kari garjā kapi baṛhi lāga akāsa. 25.

Trans:
Impelled by Hari's will, at that very instance, the Forty-Nine Winds began to bluster and rage. Hanumān howled and roared and swelled himself to such a size that he seemed to touch the very tips of heaven.

चौपाई-caupāī:

देह बिसाल परम हरुआई । मंदिर तें मंदिर चढ़ धाई ॥
deha bisāla parama haruāī, maṁdira teṁ maṁdira caṛha dhāī.
जरइ नगर भा लोग बिहाला । झपट लपट बहु कोटि कराला ॥
jarai nagara bhā loga bihālā, jhapaṭa lapaṭa bahu koṭi karālā.
तात मातु हा सुनिअ पुकारा । एहिं अवसर को हमहि उबारा ॥
tāta mātu hā sunia pukārā, ehiṁ avasara ko hamahi ubārā.
हम जो कहा यह कपि नहिं होई । बानर रूप धरें सुर कोई ॥
hama jo kahā yaha kapi nahiṁ hoī, bānara rūpa dhareṁ sura koī.
साधु अवग्या कर फलु ऐसा । जरइ नगर अनाथ कर जैसा ॥
sādhu avagyā kara phalu aisā, jarai nagara anātha kara jaisā.
जारा नगरु निमिष एक माहीं । एक बिभीषन कर गृह नाहीं ॥
jārā nagaru nimiṣa eka māhīṁ, eka bibhīṣana kara gṛha nāhīṁ.
ता कर दूत अनल जेहिं सिरिजा । जरा न सो तेहि कारन गिरिजा ॥
tā kara dūta anala jehiṁ sirijā, jarā na so tehi kārana girijā.
उलटि पलटि लंका सब जारी । कूदि परा पुनि सिंधु मझारी ॥
ulaṭi palaṭi laṁkā saba jārī, kūdi parā puni siṁdhu majhārī.

Trans:
Of such an enormous stature, and yet so marvelously agile, Hanumān leaped about, going from one mansion to another. The city started to burn and the people became mortified and helpless as the terrible flames burst forth in countless million places everywhere. Piteous were the cries that could be heard all around: "O my father! O my mother! Help! Someone, come save us at this hour! Well did I earlier say that this is no monkey but some god in a monkey's shape." Such is the result of deriding a noble soul—the city burned in flames as though bereft and orphaned. In the twinkling of eye Hanumān burnt the whole city down barring the solitary mansion of Vibhishan. O Girijā [says Shiva], Hanumān is the emissary of Rāma—He who created the element

अजर अमर गुननिधि सुत होहू । करहुँ बहुत रघुनायक छोहू ॥
ajara amara gunanidhi suta hohū, karahuṁ bahuta raghunāyaka chohū.

of Fire itself, so it is no wonder that Hanumān himself remained unscathed. Turning the entirety of Lankā upside down—burning it from one end to other—Hanumān then leapt into the sea.

दोहा-dohā:

पूँछ बुझाइ खोइ श्रम धरि लघु रूप बहोरि ।
pūm̐cha bujhāi khoi śrama dhari laghu rūpa bahori,
जनकसुता कें आगें ठाढ़ भयउ कर जोरि ॥२६॥
janakasutā kem̐ āgem̐ ṭhāṛha bhayau kara jori. 26.

Trans:

After dousing the flames on the tail and having recuperated from his fatigue, Hanumān assumed the diminutive form and went and stood before mother Jānakī, his hands clasped in prayer.

चौपाई-caupāī:

मातु मोहि दीजे कछु चीन्हा । जैसें रघुनायक मोहि दीन्हा ॥
mātu mohi dīje kachu cīnhā, jaisem̐ raghunāyaka mohi dīnhā.
चूड़ामनि उतारि तब दयऊ । हरष समेत पवनसुत लयऊ ॥
cūṛāmani utāri taba dayaū, haraṣa sameta pavanasuta layaū.
कहेहु तात अस मोर प्रनामा । सब प्रकार प्रभु पूरनकामा ॥
kahehu tāta asa mora pranāmā, saba prakāra prabhu pūranakāmā.
दीन दयाल बिरिदु संभारी । हरहु नाथ मम संकट भारी ॥
dīna dayāla biridu sambhārī, harahu nātha mama samkaṭa bhārī.
तात सक्रसुत कथा सुनाएहु । बान प्रताप प्रभुहि समुझाएहु ॥
tāta sakrasuta kathā sunāehu, bāna pratāpa prabhuhi samujhāehu.
मास दिवस महुँ नाथु न आवा । तौ पुनि मोहि जिअत नहिं पावा ॥
māsa divasa mahum̐ nāthu na āvā, tau puni mohi jiata nahim̐ pāvā.
कहु कपि केहि बिधि राखौं प्राना । तुम्हहू तात कहत अब जाना ॥
kahu kapi kehi bidhi rākhaum̐ prānā, tumhahū tāta kahata aba jānā.
तोहि देखि सीतलि भइ छाती । पुनि मो कहुँ सोइ दिनु सो राती ॥
tohi dekhi sītali bhai chātī, puni mo kahum̐ soi dinu so rātī.

Trans:

"Be pleased, O mother, to give me some token such as Raghunāyak gave me." Thereupon Sītā unfastened the crest-jewel from her hair and gave it to him; and the son-of-wind received it with great joy. "Convey my obeisance to him, dear son, and recite to him my prayer: 'You, my Lord, are all-sufficient, and it is your wont to be most genial to the distressed—you yourself have so avowed and bind yourself to that repute. Now relieve me, O Lord, from this most grievous affliction.' Repeat to him, son, the story of Indra's son, and remind my Lord of the might of his arrows. If the Lord does not arrive within a month's time, he will not find me in this body again. Tell me O Kapi, how I can preserve my life, for you too now talk of leaving? Your sight had brought some relief to my heavy heart, but I now have before me the same dreadful days and nights."

मंगल भवन अमंगल हारी । द्रवउ सो दसरथ अजिर बिहारी ॥
mamgala bhavana amamgala hārī, dravau so dasaratha ajira bihārī.

दोहा-dohā:

जनकसुतहि समुझाइ करि बहु बिधि धीरजु दीन्ह ।
janakasutahi samujhāi kari bahu bidhi dhīraju dīnha,
चरन कमल सिरु नाइ कपि गवनु राम पहिं कीन्ह ॥२७॥
carana kamala siru nāi kapi gavanu rāma pahiṁ kīnha. 27.

Trans:
Consoling her with many words Hanumān did everything he could to inspire confidence in Janak's daughter; then bowing his head at her lotus feet, Hanumān sallied forth to rejoin Shrī Rāma.

चौपाई-caupāī:

चलत महाधुनि गर्जेसि भारी । गर्भ स्रवहिं सुनि निसिचर नारी ॥
calata mahādhuni garjesi bhārī, garbha sravahiṁ suni nisicara nārī.
नाघि सिंधु एहि पारहि आवा । सबद किलिकिला कपिन्ह सुनावा ॥
nāghi siṁdhu ehi pārahi āvā, sabada kilikilā kapinha sunāvā.
हरषे सब बिलोकि हनुमाना । नूतन जन्म कपिन्ह तब जाना ॥
haraṣe saba biloki hanumānā, nūtana janma kapinha taba jānā.
मुख प्रसन्न तन तेज बिराजा । कीन्हेसि रामचंद्र कर काजा ॥
mukha prasanna tana teja birājā, kīnhesi rāmacandra kara kājā.
मिले सकल अति भए सुखारी । तलफत मीन पाव जिमि बारी ॥
mile sakala ati bhae sukhārī, talaphata mīna pāva jimi bārī.
चले हरषि रघुनायक पासा । पूँछत कहत नवल इतिहासा ॥
cale haraṣi raghunāyaka pāsā, pūṁchata kahata navala itihāsā.
तब मधुबन भीतर सब आए । अंगद संमत मधु फल खाए ॥
taba madhubana bhītara saba āe, aṁgada saṁmata madhu phala khāe.
रखवारे जब बरजन लागे । मुष्टि प्रहार हनत सब भागे ॥
rakhavāre jaba barajana lāge, muṣṭi prahāra hanata saba bhāge.

Trans:
As he left he bellowed terribly—letting out a horrendous roar, a sound so frightful that some wives of demons were seized with premature childbirths upon hearing that. Leaping across the sea Hanumān arrived on the other side and made a loud clarion sound of victory for the monkeys to hear—who became exceedingly overjoyed at the sight, as if given a new spell of life. Hanumān wore a most cheerful countenance and his body glistened with brilliant resplendency. The monkeys were left in no doubt that Hanumān had accomplished the mission of Shrī Rāma. Supremely thrilled, they all eagerly greeted Hanumān—it was as if a fish writhing with agony on ground had found the waters again. Joyfully now they commenced their return journey to Raghunāth—on the way repeatedly asking Hanumān to relate everything which had transpired at Lankā. Reaching the Madhuban garden—and obtaining prince Aṁgad's consent—they began eating the delicious fruits from the trees there. The guards tried to stop them but, beaten off with fisticuffs, they took to their heels.

अजर अमर गुननिधि सुत होहू । करहुँ बहुत रघुनायक छोहू ॥
ajara amara gunanidhi suta hohū, karahuṁ bahuta raghunāyaka chohū.

दोहा-dohā:

जाइ पुकारे ते सब बन उजार जुबराज ।
jāi pukāre te saba bana ujāra jubarāja,
सुनि सुग्रीव हरष कपि करि आए प्रभु काज ॥२८॥
suni sugrīva haraṣa kapi kari āe prabhu kāja. 28.

Trans:

Approaching Sugrīv the guards complained that the crown-prince was laying waste to the royal garden. Sugrīv greatly rejoiced to hear that: 'Surely the monkey must have successfully completed the mission of the Lord', he thought.

चौपाई-caupāī:

जौं न होति सीता सुधि पाई । मधुबन के फल सकहिं कि खाई ॥
jauṁ na hoti sītā sudhi pāī, madhubana ke phala sakahiṁ ki khāī.
एहि बिधि मन बिचार कर राजा । आइ गए कपि सहित समाजा ॥
ehi bidhi mana bicāra kara rājā, āi gae kapi sahita samājā.
आइ सबन्हि नावा पद सीसा । मिलेउ सबन्हि अति प्रेम कपीसा ॥
āi sabanhi nāvā pada sīsā, mileu sabanhi ati prema kapīsā.
पूँछी कुसल कुसल पद देखी । राम कृपाँ भा काजु बिसेषी ॥
pūm̐chī kusala kusala pada dekhī, rāma kṛpām̐ bhā kāju biseṣī.
नाथ काजु कीन्हेउ हनुमाना । राखे सकल कपिन्ह के प्राना ॥
nātha kāju kīnheu hanumānā, rākhe sakala kapinha ke prānā.
सुनि सुग्रीव बहुरि तेहि मिलेऊ । कपिन्ह सहित रघुपति पहिं चलेऊ ॥
suni sugrīva bahuri tehi mileū, kapinha sahita raghupati pahiṁ caleū.
राम कपिन्ह जब आवत देखा । किएँ काजु मन हरष बिसेषा ॥
rāma kapinha jaba āvata dekhā, kieṁ kāju mana haraṣa biseṣā.
फटिक सिला बैठे द्वौ भाई । परे सकल कपि चरनन्हि जाई ॥
phaṭika silā baiṭhe dvau bhāī, pare sakala kapi carananhi jāī.

Trans:

'For if they had failed to get any news of Sītā, they wouldn't have dared pluck the Madhuban fruits.' While the king was thus reasoning, the troops arrived there along with their chiefs. Drawing near they bowed their heads at his feet, and the king of monkeys received them most lovingly, enquiring after their welfare. "It is well with us, now that we have seen your feet. By the grace of Shri Rāma, the mission has been accomplished with remarkable success. It is Hanumān, your majesty, who achieved everything and saved the life of all of us." Hearing this Sugrīv embraced Hanumān once again, and all the monkeys then proceeded to go meet the Lord of the Raghus. When Rāma saw them coming he felt a great joy and knew that they had succeeded. The two brothers were seated on a large crystal rock and the monkeys went and prostrated at their holy feet.

मंगल भवन अमंगल हारी । द्रवउ सो दसरथ अजिर बिहारी ॥
maṁgala bhavana amaṁgala hārī, dravau so dasaratha ajira bihārī.

दोहा-dohā:

प्रीति सहित सब भेटे रघुपति करुना पुंज ।
prīti sahita saba bheṭe raghupati karunā puṁja,
पूँछी कुसल नाथ अब कुसल देखि पद कंज ॥२९॥
pūm̐chī kusala nātha aba kusala dekhi pada kaṁja. 29.

Trans:
Raghupati, the ocean of infinite tenderness, greeted them with great affection and asked of their welfare. "All is well with us, O Lord, now that we have seen your lotus feet."

चौपाई-caupāī:

जामवंत कह सुनु रघुराया । जा पर नाथ करहु तुम्ह दाया ॥
jāmavaṁta kaha sunu raghurāyā, jā para nātha karahu tumha dāyā.
ताहि सदा सुभ कुसल निरंतर । सुर नर मुनि प्रसन्न ता ऊपर ॥
tāhi sadā subha kusala niraṁtara, sura nara muni prasanna tā ūpara.
सोइ बिजई बिनई गुन सागर । तासु सुजसु त्रैलोक उजागर ॥
soi bijaī binaī guna sāgara, tāsu sujasu trailoka ujāgara.
प्रभु कीं कृपा भयउ सबु काजू । जन्म हमार सुफल भा आजू ॥
prabhu kīṁ kṛpā bhayau sabu kājū, janma hamāra suphala bhā ājū.
नाथ पवनसुत कीन्ह जो करनी । सहसहुँ मुख न जाइ सो बरनी ॥
nātha pavanasuta kīnhi jo karanī, sahasahuṁ mukha na jāi so baranī.
पवनतनय के चरित सुहाए । जामवंत रघुपतिहि सुनाए ॥
pavanatanaya ke carita suhāe, jāmavaṁta raghupatihi sunāe.
सुनत कृपानिधि मन अति भाए । पुनि हनुमान हरषि हियँ लाए ॥
sunata kṛpānidhi mana ati bhāe, puni hanumāna haraṣi hiyaṁ lāe.
कहहु तात केहि भाँति जानकी । रहति करति रच्छा स्वप्रान की ॥
kahahu tāta kehi bhām̐ti jānakī, rahati karati racchā svaprāna kī.

Trans:
Said Jāmavaṁt, "Hearken, O Raghurai: upon whom you bestow your favor—they become ever auspicious, ever felicitous, ever fortunate; and unto them gods, men and saints remain ever gracious. They whom you bless, become modest, oceans of virtues, and ever victorious; and their fair renown irradiates through all the spheres of creation. By the favor of you, my Lord, the task was admirably accomplished and today we can say that our birth here on earth has been rendered worthy. And Lord, to speak of all of Hanumān's doings would be too much for even a thousand tongues." Jāmavaṁt then narrated to Raghupati the enchanting exploits of the son-of-wind. The All-merciful became spellbound hearing the recital of Hanumān's enactments and clasped Hanumān to his heart with great joy. "Tell me O son, how abides Jānakī? How does she manage to preserve her life?"

अजर अमर गुननिधि सुत होहू । करहुँ बहुत रघुनायक छोहू ॥
ajara amara gunanidhi suta hohū, karahuṁ bahuta raghunāyaka chohū.

दोहा-dohā:

नाम पाहरु दिवस निसि ध्यान तुम्हार कपाट ।
nāma pāharu divasa nisi dhyāna tumhāra kapāṭa,
लोचन निज पद जंत्रित जाहिं प्रान केहिं बाट ॥३०॥
locana nija pada jaṁtrita jāhiṁ prāna kehiṁ bāṭa. 30.

Trans:

"Her continual thought of you, my Lord, is the barred door; and your Name is the sentinel that keeps watch over her by day and by night; and her feet are held fast by her eyes which are always looking down upon them; and thus there is no outlet whereby her life may walk, escape, flit away, leave!

चौपाई-caupāī:

चलत मोहि चूड़ामनि दीन्ही । रघुपति हृदयँ लाइ सोइ लीन्ही ॥
calata mohi cūṛāmani dīnhī, raghupati hṛdayaṁ lāi soi līnhī.
नाथ जुगल लोचन भरि बारी । बचन कहे कछु जनककुमारी ॥
nātha jugala locana bhari bārī, bacana kahe kachu janakakumārī.
अनुज समेत गहेहु प्रभु चरना । दीन बंधु प्रनतारति हरना ॥
anuja sameta gahehu prabhu caranā, dīna baṁdhu pranatārati haranā.
मन क्रम बचन चरन अनुरागी । केहिं अपराध नाथ हौं त्यागी ॥
mana krama bacana carana anurāgī, kehiṁ aparādha nātha hauṁ tyāgī.
अवगुन एक मोर मैं माना । बिछुरत प्रान न कीन्ह पयाना ॥
avaguna eka mora maiṁ mānā, bichurata prāna na kīnha payānā.
नाथ सो नयननि्ह को अपराधा । निसरत प्रान करहिं हठि बाधा ॥
nātha so nayananhi ko aparādhā, nisarata prāna karahiṁ haṭhi bādhā.
बिरह अगिनि तनु तूल समीरा । स्वास जरइ छन माहिं सरीरा ॥
biraha agini tanu tūla samīrā, svāsa jarai chana māhiṁ sarīrā.
नयन स्रवहिं जलु निज हित लागी । जरैं न पाव देह बिरहागी ॥
nayana sravahiṁ jalu nija hita lāgī, jaraiṁ na pāva deha birahāgī.
सीता कै अति बिपति बिसाला । बिनहिं कहें भलि दीनदयाला ॥
sītā kai ati bipati bisālā, binahiṁ kaheṁ bhali dīnadayālā.

Trans:

When I was leaving, she gave me this crest-jewel from her hair." Raghupati took it and clasped it to his heart. "And my lord, with her eyes overflowing with tears the daughter of Janak spake these words: Embrace the feet of my lord along with his brother, crying, "O friend of the poor, O reliever of the supplicant's distress! In heart, word, and deed, I am consecrated to your service; for what offence then, my lord, have you forsaken me? I do admit to this one fault of mine: that my life did not at once part, the moment I was, from you, ripped apart. But this, my Lord, is the fault of these eyes, which perforce prevent my soul from taking flight. The agony of separation from you is like a fire; and my sighs fan it as gusts of wind; and there stands my body like a heap of cotton—which should have been consumed in an instant but for these eyes. My eyes, in their selfishness—to once again behold your

---

मंगल भवन अमंगल हारी । द्रवउ सो दसरथ अजिर बिहारी ॥
maṁgala bhavana amaṁgala hārī, dravau so dasaratha ajira bihārī.

beautiful form—rain down flood of tears; and that is why my body fails to burn even through this intense fire of bereavement." Sītā's suffering is so overwhelmingly great, and you are so compassionate to the afflicted, O Lord, that I would fain not describe her distress any further.

दोहा-dohā:

निमिष निमिष करुनानिधि जाहिं कलप सम बीती ।
nimiṣa nimiṣa karunānidhi jāhiṁ kalapa sama bītī,
बेगि चलिय प्रभु आनिअ भुज बल खल दल जीति ॥३१॥
begi caliya prabhu ānia bhuja bala khala dala jīti. 31.

Trans:
Each and every single moment for her, passes like an Age, O fount of mercy. So set out with haste, my Lord, and vanquish that army of reprobates by the might of your great arms."

चौपाई-caupāī:

सुनि सीता दुख प्रभु सुख अयना । भरि आए जल राजिव नयना ॥
suni sītā dukha prabhu sukha ayanā, bhari āe jala rājiva nayanā.
बचन कायँ मन मम गति जाही । सपनेहुँ बूझिअ बिपति कि ताही ॥
bacana kāyaṁ mana mama gati jāhī, sapanehuṁ būjhia bipati ki tāhī.
कह हनुमंत बिपति प्रभु सोई । जब तव सुमिरन भजन न होई ॥
kaha hanumaṁta bipati prabhu soī, jaba tava sumirana bhajana na hoī.
केतिक बात प्रभु जातुधान की । रिपुहि जीति आनिबी जानकी ॥
ketika bāta prabhu jātudhāna kī, ripuhi jīti ānibī jānakī.
सुनु कपि तोहि समान उपकारी । नहिं कोउ सुर नर मुनि तनुधारी ॥
sunu kapi tohi samāna upakārī, nahiṁ kou sura nara muni tanudhārī.
प्रति उपकार करौं का तोरा । सनमुख होइ न सकत मन मोरा ॥
prati upakāra karauṁ kā torā, sanamukha hoi na sakata mana morā.
सुनु सुत तोहि उरिन मैं नाहीं । देखेउँ करि बिचार मन माहीं ॥
sunu suta tohi urina maiṁ nāhīṁ, dekheuṁ kari bicāra mana māhīṁ.
पुनि पुनि कपिहि चितव सुरत्राता । लोचन नीर पुलक अति गाता ॥
puni puni kapihi citava suratrātā, locana nīra pulaka ati gātā.

Trans:
Upon hearing of Sītā's sorrows, the lotus eyes of Lord, the abode of bliss, overflowed with tears. "Can anyone—who completely depends upon me alone, in thought, word, and deed—even in dream know of adversity?" Hanumān said, "There is only one misfortune my Lord—to forget you and the devotion towards you. Of what account are these demons to my Lord, who can rout them instantly to bring Jānakī back." Then said Rāma, "Hearken O Hanumān: neither god, nor man, nor a saint exists in this world, who has been such a benefactor to me as you yourself. What return can I make unto you? There is none that occurs to my mind. Listen, my son: I have thought over this question and concluded that the debt which I owe to you can never be repaid." Again and again, as the Protector of the gods gazed upon him,

अजर अमर गुननिधि सुत होहू । करहुँ बहुत रघुनायक छोहू ॥
ajara amara gunanidhi suta hohū, karahuṁ bahuta raghunāyaka chohū.

Hanumān's eyes became filled with tears, and his body was overpowered with a thrill of emotion.

दोहा-dohā:

सुनि प्रभु बचन बिलोकि मुख गात हरषि हनुमंत ।
suni prabhu bacana biloki mukha gāta haraṣi hanumaṁta,
चरन परेउ प्रेमाकुल त्राहि त्राहि भगवंत ॥३२॥
carana pareu premākula trāhi trāhi bhagavaṁta. 32.

Trans:

As he listened to his Lord's words and looked upon his face, Hanumān went into rapture; and in an ecstasy of love fell down at the Lord's feet, crying, "O save me, save me, Lord-God [lest I become vainglorious]."

चौपाई-caupāī:

बार बार प्रभु चहइ उठावा । प्रेम मगन तेहि उठब न भावा ॥
bāra bāra prabhu cahai uṭhāvā, prema magana tehi uṭhaba na bhāvā.
प्रभु कर पंकज कपि कें सीसा । सुमिरि सो दसा मगन गौरीसा ॥
prabhu kara paṁkaja kapi keṁ sīsā, sumiri so dasā magana gaurīsā.
सावधान मन करि पुनि संकर । लागे कहन कथा अति सुंदर ॥
sāvadhāna mana kari puni saṁkara, lāge kahana kathā ati suṁdara.
कपि उठाइ प्रभु हृदयँ लगावा । कर गहि परम निकट बैठावा ॥
kapi uṭhāi prabhu hṛdayaṁ lagāvā, kara gahi parama nikaṭa baiṭhāvā.
कहु कपि रावन पालित लंका । केहि बिधि दहेउ दुर्ग अति बंका ॥
kahu kapi rāvana pālita laṁkā, kehi bidhi daheu durga ati baṁkā.
प्रभु प्रसन्न जाना हनुमाना । बोला बचन बिगत अभिमाना ॥
prabhu prasanna jānā hanumānā, bolā bacana bigata abhimānā.
साखामृग कै बड़ि मनुसाई । साखा तें साखा पर जाई ॥
sākhāmṛga kai baṛi manusāī, sākhā teṁ sākhā para jāī.
नाघि सिंधु हाटकपुर जारा । निसिचर गन बधि बिपिन उजारा ॥
nāghi siṁdhu hāṭakapura jārā, nisicara gana badhi bipina ujārā.
सो सब तव प्रताप रघुराई । नाथ न कछू मोरि प्रभुताई ॥
so saba tava pratāpa raghurāī, nātha na kachū mori prabhutāī.

Trans:

Again and again the Lord sought to raise him, but Hanumān was so overwhelmed with ecstasy that he could not rise. As he recalled to his mind—the image of the Lord and his lotus hands placed upon the monkey's head—Siva himself became overcome with emotion; but then restraining his feelings, he proceeded with the charming narrative. Rāma lifted Hanumān up and clasped him to his heart. Then he took him by the hand and seated him close to his side. "Tell me, O Kapi, by what means could you burn down the most impregnable fortress of Lankā protected by Rāvan?" The Lord is pleased, knew Hanumān; then in words altogether bereft of pride he said, "A monkey forsooth is a creature of one singular prowess, O lord—to skip about from one bough to another. That I could leap across the ocean, burn down the

---

मंगल भवन अमंगल हारी । द्रवउ सो दसरथ अजिर बिहारी ॥
maṁgala bhavana amaṁgala hārī, dravau so dasaratha ajira bihārī.

golden city, kill the demon hosts, and lay waste to the Ashoka-grove—it was all by dint of Your might, my Lord; no credit is due me for any of these acts.

दोहा-dohā:

ता कहुँ प्रभु कछु अगम नहिं जा पर तुम्ह अनुकूल ।
tā kahuṁ prabhu kachu agama nahiṁ jā para tumha anukūla,

तव प्रभावँ बड़वानलहि जारि सकइ खलु तूल ॥३३॥
tava prabhāvaṁ baṛavānalahi jāri sakai khalu tūla. 33.

Trans:

There is nothing unattainable for him upon whom you are propitious, my Lord. A mere flock of cotton—if it was your pleasure—would consume an entire volcanic fire. [The impossible becomes possible.]

चौपाई-caupāī:

नाथ भगति अति सुखदायनी । देहु कृपा करि अनपायनी ॥
nātha bhagati ati sukhadāyanī, dehu kṛpā kari anapāyanī.

सुनि प्रभु परम सरल कपि बानी । एवमस्तु तब कहेउ भवानी ॥
suni prabhu parama sarala kapi bānī, evamastu taba kaheu bhavānī.

उमा राम सुभाउ जेहिं जाना । ताहि भजनु तजि भाव न आना ॥
umā rāma subhāu jehiṁ jānā, tāhi bhajanu taji bhāva na ānā.

यह संबाद जासु उर आवा । रघुपति चरन भगति सोइ पावा ॥
yaha saṁbāda jāsu ura āvā, raghupati carana bhagati soi pāvā.

सुनि प्रभु बचन कहहिं कपिबृंदा । जय जय जय कृपाल सुखकंदा ॥
suni prabhu bacana kahahiṁ kapibṛṁdā, jaya jaya jaya kṛpāla sukhakaṁdā.

तब रघुपति कपिपतिहि बोलावा । कहा चलैं कर करहु बनावा ॥
taba raghupati kapipatihi bolāvā, kahā calaiṁ kara karahu banāvā.

अब बिलंबु केहि कारन कीजे । तुरत कपिन्ह कहुँ आयसु दीजे ॥
aba bilaṁbu kehi kārana kīje, turata kapinha kahuṁ āyasu dīje.

कौतुक देखि सुमन बहु बरषी । नभ तें भवन चले सुर हरषी ॥
kautuka dekhi sumana bahu baraṣī, nabha teṁ bhavana cale sura haraṣī.

Trans:

Therefore, be pleased to grant to me the one and only source of supreme bliss—an unceasing Devotion to You." The Lord, O Bhavānī, heard this most guileless speech of Hanumān and ordained, "Let that come to pass!" Listen Umā, he who has come to know the true nature of Rāma, can have relish for nothing else but Devotion to Rāma. Even he, who commits this dialogue to heart, gets blessed with devotion to the Lord's feet. Upon hearing the words of the Lord the monkey host applauded, "Glory, glory, all glory to the gracious Lord, the fount of bliss!" Raghupati then summoned the monkey-king and told him to make preparations for the march. "What cause is there for any delay now? Issue orders to the monkeys at once." The gods who had witnessed this spectacle rained down heaps of flowers from the skies and returned to their celestial spheres full of joy.

अजर अमर गुननिधि सुत होहू । करहुँ बहुत रघुनायक छोहू ॥
ajara amara gunanidhi suta hohū, karahuṁ bahuta raghunāyaka chohū.

दोहा-doha:

कपिपति बेगि बोलाए आए जूथप जूथ ।
kapipati begi bolāe āe jūthapa jūtha,

नाना बरन अतुल बल बानर भालु बरूथ ॥३४॥
nānā barana atula bala bānara bhālu barūtha. 34.

Trans:

The king of monkeys now quickly summoned the commanders and they came with their troops, presenting themselves in many ranks. Monkeys and bears, of a myriad varied hues and shapes—valiant warriors of immeasurable strength—assembled there by the multitudes.

चौपाई-caupāī:

प्रभु पद पंकज नावहिं सीसा । गर्जहिं भालु महाबल कीसा ॥
prabhu pada paṁkaja nāvahiṁ sīsā, garjahiṁ bhālu mahābala kīsā.

देखी राम सकल कपि सेना । चितइ कृपा करि राजिव नैना ॥
dekhī rāma sakala kapi senā, citai kṛpā kari rājiva nainā.

राम कृपा बल पाइ कपिंदा । भए पच्छजुत मनहुँ गिरिंदा ॥
rāma kṛpā bala pāi kapiṁdā, bhae pacchajuta manahuṁ giriṁdā.

हरषि राम तब कीन्ह पयाना । सगुन भए सुंदर सुभ नाना ॥
haraṣi rāma taba kīnha payānā, saguna bhae suṁdara subha nānā.

जासु सकल मंगलमय कीती । तासु पयान सगुन यह नीती ॥
jāsu sakala maṁgalamaya kītī, tāsu payāna saguna yaha nītī.

प्रभु पयान जाना बैदेहीं । फरकि बाम अँग जनु कहि देहीं ॥
prabhu payāna jānā baidehīṁ, pharaki bāma aṁga janu kahi dehīṁ.

जोइ जोइ सगुन जानकिहि होई । असगुन भयउ रावनहि सोई ॥
joi joi saguna jānakihi hoī, asaguna bhayau rāvanahi soī.

चला कटकु को बरनैं पारा । गर्जहिं बानर भालु अपारा ॥
calā kaṭaku ko baranaiṁ pārā, garjahiṁ bānara bhālu apārā.

नख आयुध गिरि पादपधारी । चले गगन महि इच्छाचारी ॥
nakha āyudha giri pādapadhārī, cale gagana mahi icchācārī.

केहरिनाद भालु कपि करहीं । डगमगाहिं दिग्गज चिक्करहीं ॥
keharināda bhālu kapi karahīṁ, ḍagamagāhiṁ diggaja cikkarahīṁ.

Trans:

They bow their heads at the Lord's lotus feet, and they roar—these thundering bears and monkeys of gigantic forms. Rāma surveyed the assembled army and cast a benign glance of gracious lotus-eyes upon them. Emboldened by his grace the monkeys appeared as like huge mountains equipped with wings. With great joy Lord Rāma then sallied forth. And many were the glad auspicious omens which occurred at that time. It was in the fitness of things that good omens should make their appearance at the time of Rāma's commencement journey—being that Rāma himself is the embodiment all auspiciousness and blessings. Over there, Videhī came to know that Rāma had embarked upon his march—for her left side throbbed as if to tell her that

मंगल भवन अमंगल हारी । द्रवउ सो दसरथ अजिर बिहारी ॥
maṁgala bhavana amaṁgala hārī, dravau so dasaratha ajira bihārī.

her Lord was coming. And every good omen which befell Jānakī was likewise altered into a bad-omen that foreboded ill for Rāvan. Now who could adequately describe the army as it rolled across the land—with countless bears and monkeys hollering terribly and loud? How they marched—brandishing trees and rocks, and with only their talons as their weapons. And as they fancied, so they moved—now flying through the air, and now speeding on the ground; and they bellowed mightily as a million lions; and with their swagger the earth quaked; and the elephants of the eight quarters trembled and they swayed.

छंद-chamda:

चिक्करहिं दिग्गज डोल महि गिरि लोल सागर खरभरे ।
cikkarahiṁ diggaja ḍola mahi giri lola sāgara kharabhare,
मन हरष सभ गंधर्ब सुर मुनि नाग किंनर दुख टरे ॥
mana haraṣa sabha gaṁdharba sura muni nāga kiṁnara dukha ṭare.
कटकटहिं मर्कट बिकट भट बहु कोटि कोटिन्ह धावहीं ।
kaṭakaṭahiṁ markaṭa bikaṭa bhaṭa bahu koṭi koṭinha dhāvahīṁ,
जय राम प्रबल प्रताप कोसलनाथ गुन गन गावहीं ॥ १ ॥
jaya rāma prabala pratāpa kosalanātha guna gana gāvahīṁ. 1.

सहि सक न भार उदार अहिपति बार बारहिं मोहई ।
sahi saka na bhāra udāra ahipati bāra bārahiṁ mohaī,
गह दसन पुनि पुनि कमठ पृष्ट कठोर सो किमि सोहई ॥
gaha dasana puni puni kamaṭha pṛṣṭa kaṭhora so kimi sohaī.
रघुबीर रुचिर प्रयान प्रस्थिति जानि परम सुहावनी ।
raghubīra rucira prayāna prasthiti jāni parama suhāvanī,
जनु कमठ खर्पर सर्पराज सो लिखत अबिचल पावनी ॥ २ ॥
janu kamaṭha kharpara sarparāja so likhata abicala pāvanī. 2.

Trans:

The guarding elephants of the eight cardinal points trumpeted and yawled; and the earth reeled and it rocked; and the mountains quivered and quaked; and the oceans stirred and raged. The sun and the moon, gods, saints, Nāgas, and Kinnars, all rejoiced in the knowledge that now our troubles will be over soon. Myriads upon myriads of enormous monkeys—warriors bellicose and belligerent, snarling and gnashing their teeth—rush onwards cheering, 'Jai Shrī Rāma'; and they shout, 'Glory to Kaushal's Lord of mighty valor'; and they hymn the praises of the Lord in a countless million ways. Even Shesha, the great lord of serpents, found himself unable to bear the crushing weight of the belligerent troops and felt dizzy again and again; and each time he would steady himself by clutching his teeth on the hard shell of the divine Tortoise. Verily the serpent-king was inscribing on the tortoise's back the saga of the hallowed glorious expedition of Shrī Rāma—knowing it to be most enchanting immortal theme for all times to come.

अजर अमर गुननिधि सुत होहू । करहुँ बहुत रघुनायक छोहू ॥
ajara amara gunanidhi suta hohū, karahuṁ bahuta raghunāyaka chohū.

दोहा-dohā:
एहि बिधि जाइ कृपानिधि उतरे सागर तीर ।
ehi bidhi jāi kṛpānidhi utare sāgara tīra,
जहँ तहँ लागे खान फल भालु बिपुल कपि बीर ॥ ३५ ॥
jahaṁ tahaṁ lāge khāna phala bhālu bipula kapi bīra. 35.

Trans:

Continuing the march in this way, the All-merciful arrived at the seashore opposite Laṅkā and there they made their halt; the troops of valiant bears and monkeys went hither hither and thither and had their fill on fruits.

चौपाई-caupāī:

उहाँ निसाचर रहहिं ससंका । जब तें जारि गयउ कपि लंका ॥
uhāṁ nisācara rahahiṁ sasaṁkā, jaba teṁ jāri gayau kapi laṁkā.

निज निज गृहँ सब करहिं बिचारा । नहिं निसिचर कुल केर उबारा ॥
nija nija gṛhaṁ saba karahiṁ bicārā, nahiṁ nisicara kula kera ubārā.

जासु दूत बल बरनि न जाई । तेहि आएँ पुर कवन भलाई ॥
jāsu dūta bala barani na jāī, tehi āeṁ pura kavana bhalāī.

दूतिन्ह सन सुनि पुरजन बानी । मंदोदरी अधिक अकुलानी ॥
dūtinha sana suni purajana bānī, maṁdodarī adhika akulānī.

रहसि जोरि कर पति पग लागी । बोली बचन नीति रस पागी ॥
rahasi jori kara pati paga lāgī, bolī bacana nīti rasa pāgī.

कंत करष हरि सन परिहरहू । मोर कहा अति हित हियँ धरहू ॥
kaṁta karaṣa hari sana pariharahū, mora kahā ati hita hiyaṁ dharahū.

समुझत जासु दूत कइ करनी । स्रवहिं गर्भ रजनीचर धरनी ॥
samujhata jāsu dūta kai karanī, sravahiṁ garbha rajanīcara dharanī.

तासु नारि निज सचिव बोलाई । पठवहु कंत जो चहहु भलाई ॥
tāsu nāri nija saciva bolāī, paṭhavahu kaṁta jo cahahu bhalāī.

तव कुल कमल बिपिन दुखदाई । सीता सीत निसा सम आई ॥
tava kula kamala bipina dukhadāī, sītā sīta nisā sama āī.

सुनहु नाथ सीता बिनु दीन्हें । हित न तुम्हार संभु अज कीन्हें ॥
sunahu nātha sītā binu dīnheṁ, hita na tumhāra saṁbhu aja kīnheṁ.

Trans:

On the other side, the demons had been living in great fear ever since Hanumān left after burning the city down. In each and every house there was just this one talk, one thought: 'There is no hope of safety for our race now; if his messenger was so unspeakably powerful, then what will be the outcome when the Master himself comes?" When Rāvan's principal queen Mandodarī heard from her emissaries regarding what the citizens were whispering she felt greatly disturbed. Meeting her lord alone she fell at his feet, and with joined palms besought him with words steeped in wisdom: "O my husband, cease to contend against Hari; take my words to your heart as a most wholesome advice. Whose mere messenger did such deeds that our matrons, on remembering him, miscarry, please send to him back his spouse with your

मंगल भवन अमंगल हारी । द्रवउ सो दसरथ अजिर बिहारी ॥
maṁgala bhavana amaṁgala hārī, dravau so dasaratha ajira bihārī.

personal minister—if you seek your welfare, my lord. Sītā has come here for the ruin of our entire race—alike a frosty night of destruction to the lilies of our family. Hearken, my lord: unless you give up Sītā, neither Shambhu nor Brahmmā can save you.

दोहा-dohā:

राम बान अहि गन सरिस निकर निसाचर भेक।
rāma bāna ahi gana sarisa nikara nisācara bheka,
जब लगि ग्रसत न तब लगि जतनु करहु तजि टेक॥३६॥
jaba lagi grasata na taba lagi jatanu karahu taji ṭeka. 36.

Trans:
Rāma's arrows are like serpents and the demon hosts are just so many frogs; give up your obstinacy and devise some means of safety before everything is lost."

चौपाई-caupāī:

श्रवन सुनी सठ ता करि बानी। बिहसा जगत बिदित अभिमानी॥
śravana sunī saṭha tā kari bānī, bihasā jagata bidita abhimānī.
सभय सुभाउ नारि कर साचा। मंगल महुँ भय मन अति काचा॥
sabhaya subhāu nāri kara sācā, maṁgala mahuṁ bhaya mana ati kācā.
जौं आवइ मर्कट कटकाई। जिअहिं बिचारे निसिचर खाई॥
jauṁ āvai markaṭa kaṭakāī, jiahiṁ bicāre nisicara khāī.
कंपहिं लोकप जाकीं त्रासा। तासु नारि सभीत बड़ि हासा॥
kaṁpahiṁ lokapa jākīṁ trāsā, tāsu nāri sabhīta baṛi hāsā.
अस कहि बिहसि ताहि उर लाई। चलेउ सभाँ ममता अधिकाई॥
asa kahi bihasi tāhi ura lāī, caleu sabhāṁ mamatā adhikāī.
मंदोदरी हृदयँ कर चिंता। भयउ कंत पर बिधि बिपरीता॥
maṁdodarī hṛdayaṁ kara ciṁtā, bhayau kaṁta para bidhi biparītā.
बैठेउ सभाँ खबरि असि पाई। सिंधु पार सेना सब आई॥
baiṭheu sabhāṁ khabari asi pāī, siṁdhu pāra senā saba āī.
बूझेसि सचिव उचित मत कहहू। ते सब हँसे मष्ट करि रहहू॥
būjhesi saciva ucita mata kahahū, te saba haṁse maṣṭa kari rahahū.
जितेहु सुरासुर तब श्रम नाहीं। नर बानर केहि लेखे माहीं॥
jitehu surāsura taba śrama nāhīṁ, nara bānara kehi lekhe māhīṁ.

Trans:
When the foolish Rāvan—who was known the world over for his haughtiness—heard Mandodarī's admonitions, he guffawed, "A woman is naturally cast in a timorous mould and harbors fear even in propitious times. If the monkey troops come here, those poor wretches will be devoured by our demon hosts. The very guardians of spheres tremble in fear of me; how ridiculous that you, my wife, should display such fright." Saying so he laughed, and displaying much outward affection, embraced her. He then left for the council-chambers. Mandodarī however remained troubled at heart and sighed, 'Verily the heavens are against us.' As he occupied the royal seat

अजर अमर गुननिधि सुत होहू। करहुँ बहुत रघुनायक छोहू॥
ajara amara gunanidhi suta hohū, karahuṁ bahuta raghunāyaka chohū.

in the chamber, Rāvan received intelligence that a whole army had become assembled on the other side of ocean. Thereupon he asked his councilors, "Advice to me the proper course." They all laughed and said, "What is to be said or done? With no trouble at all you have conquered all—be they god or demons—then of what consequence are these monkeys and men?"

दोहा-dohā:

सचिव बैद गुर तीनि जौं प्रिय बोलहिं भय आस ।
saciva baida gura tīni jauṁ priya bolahiṁ bhaya āsa,
राज धर्म तन तीनि कर होइ बेगिहीं नास ॥३७॥
rāja dharma tana tīni kara hoi begihīṁ nāsa. 37.

Trans:
When a minister, physician or Guru—these three—are using pleasing words out of fear or in hope of reward, then as a consequence, one's dominion, health and Dharma, all three, become quickly destroyed.

चौपाई-caupāī:

सोइ रावन कहुँ बनी सहाई । अस्तुति करहिं सुनाइ सुनाई ॥
soi rāvana kahuṁ banī sahāī, astuti karahiṁ sunāi sunāī.
अवसर जानि बिभीषनु आवा । भ्राता चरन सीसु तेहिं नावा ॥
avasara jāni bibhīṣanu āvā, bhrātā carana sīsu tehiṁ nāvā.
पुनि सिरु नाइ बैठ निज आसन । बोला बचन पाइ अनुसासन ॥
puni siru nāi baiṭha nija āsana, bolā bacana pāi anusāsana.
जौं कृपाल पूँछिहु मोहि बाता । मति अनुरूप कहउँ हित ताता ॥
jau kṛpāla pūṁchihu mohi bātā, mati anurupa kahauṁ hita tātā.
जो आपन चाहै कल्याना । सुजसु सुमति सुभ गति सुख नाना ॥
jo āpana cāhai kalyānā, sujasu sumati subha gati sukha nānā.
सो परनारि लिलार गोसाईं । तजउ चउथि के चंद कि नाईं ॥
so paranāri lilāra gosāīṁ, tajau cauthi ke caṁda ki nāīṁ.
चौदह भुवन एक पति होई । भूतद्रोह तिष्टइ नहिं सोई ॥
caudaha bhuvana eka pati hoī, bhūtadroha tiṣṭai nahiṁ soī.
गुन सागर नागर नर जोऊ । अलप लोभ भल कहइ न कोऊ ॥
guna sāgara nāgara nara joū, alapa lobha bhala kahai na koū.

Trans:
Exactly the same thing was happening to Rāvan: his advisers did nothing but sound his praises. Perceiving it to be an opportune moment, Vibhishan came there and bowed his head at his brother's feet. Bowing again he took his seat and after obtaining permission said, "If you were to ask my opinion dear brother, I will tender it to the best of my ability and in your very best interest. Let him—who seeks his own welfare, good reputation, wisdom, a beneficial providence upon death, and every other happiness—avert his eyes from the face of another man's wife: just as one avoids the moon on the fourth night of lunar month. Even though a man be the sole lord of the fourteen spheres, he would certainly fall if he remains hostile towards others. No one speaks well

मंगल भवन अमंगल हारी । द्रवउ सो दसरथ अजिर बिहारी ॥
maṁgala bhavana amaṁgala hārī, dravau so dasaratha ajira bihārī.

of a greedy person who covets things of others—even if he were most clever and an ocean of virtues otherwise.

दोहा-dohā:

काम क्रोध मद लोभ सब नाथ नरक के पंथ ।
kāma krodha mada lobha saba nātha naraka ke paṁtha,
सब परिहरि रघुबीरहि भजहु भजहिं जेहि संत ॥३८॥
saba parihari raghubīrahi bhajahu bhajahiṁ jehi saṁta. 38.

Trans:
Lust, wrath, vanity, and covetousness—are all the gateways to hell; abjure them and worship Raghubīr—He who is meditated upon by the saints.

चौपाई-caupāī:

तात राम नहिं नर भूपाला । भुवनेस्वर कालहु कर काला ॥
tāta rāma nahiṁ nara bhūpālā, bhuvanesvara kālahu kara kālā.
ब्रह्म अनामय अज भगवंता । ब्यापक अजित अनादि अनंता ॥
brahma anāmaya aja bhagavaṁtā, byāpaka ajita anādi anaṁtā.
गो द्विज धेनु देव हितकारी । कृपा सिंधु मानुष तनुधारी ॥
go dvija dhenu deva hitakārī, kṛpā siṁdhu mānuṣa tanudhārī.
जन रंजन भंजन खल ब्राता । बेद धर्म रच्छक सुनु भ्राता ॥
jana raṁjana bhaṁjana khala brātā, beda dharma racchaka sunu bhrātā.
ताहि बयरु तजि नाइअ माथा । प्रनतारति भंजन रघुनाथा ॥
tāhi bayaru taji nāia māthā, pranatārati bhaṁjana raghunāthā.
देहु नाथ प्रभु कहुँ बैदेही । भजहु राम बिनु हेतु सनेही ॥
dehu nātha prabhu kahuṁ baidehī, bhajahu rāma binu hetu sanehī.
सरन गएँ प्रभु ताहु न त्यागा । बिस्व द्रोह कृत अघ जेहि लागा ॥
sarana gaeṁ prabhu tāhu na tyāgā, bisva droha kṛta agha jehi lāgā.
जासु नाम त्रय ताप नसावन । सोइ प्रभु प्रगट समुझु जियँ रावन ॥
jāsu nāma traya tāpa nasāvana, soi prabhu pragaṭa samujhu jiyaṁ rāvana.

Trans:
Rāma is no mere king but the King of kings—the invincible Ruler of the worlds, Death of Death himself. Rāma is Brahmn—the all-pervading Supreme Spirit, without a beginning and end, imperishable and uncreated, the unmanifest God. That very ocean of compassion has assumed a human form for the sake of good of the earth, the virtuous, pious, cows and the gods. Protector of the Vedas and Dharma, the savior of gods, Rāma has descended on earth to sport with his devotees and to break the ranks of the impious. O brother, give up all hostility to Rāma and bow your head to that Lord of Raghus—for He relieves the distress of every suppliant. O master, restore Videha's daughter to her Lord and worship Him—who is the impartial friend of all. The Lord never abandons one who surrenders to Him, even though he were guilty of causing ruin of the entire world. Know of this O Rāvan: the very same Lord God, whose very name is sufficient to destroy the threefold agonies, has manifested himself in human form as Shrī Rāma.

अजर अमर गुननिधि सुत होहू । करहुँ बहुत रघुनायक छोहू ॥
ajara amara gunanidhi suta hohū, karahuṁ bahuta raghunāyaka chohū.

दोहा-dohā:

बार बार पद लागउँ बिनय करउँ दससीस ।[3]
bāra bāra pada lāgauṁ binaya karauṁ dasasīsa,
परिहरि मान मोह मद भजहु कोसलाधीस ॥३९क॥
parihari māna moha mada bhajahu kosalādhīsa. 39(ka).

मुनि पुलस्ति निज सिष्य सन कहि पठई यह बात ।
muni pulasti nija siṣya sana kahi paṭhaī yaha bāta,
तुरत सो मैं प्रभु सन कही पाइ सुअवसरु तात ॥३९ख॥
turata so maiṁ prabhu sana kahī pāi suavasaru tāta. 39(kha).

Trans:

Again and again I fall at your feet and make this supplication, O king: Abandon pride, infatuation and arrogance, and adore Shrī Rāma. Our grandsire Sage Pulastya just conveyed us a message with this proposition through his personal disciple—and availing myself of this opportunity, I have forthwith brought it to you, brother."

चौपाई-caupāī:

माल्यवंत अति सचिव सयाना । तासु बचन सुनि अति सुख माना ॥
mālyavaṁta ati saciva sayānā, tāsu bacana suni ati sukha mānā.
तात अनुज तव नीति बिभूषन । सो उर धरहु जो कहत बिभीषन ॥
tāta anuja tava nīti bibhūṣana, so ura dharahu jo kahata bibhīṣana.
रिपु उतकरष कहत सठ दोऊ । दूरि न करहु इहाँ हइ कोऊ ॥
ripu utakaraṣa kahata saṭha doū, dūri na karahu ihaṁ hai koū.
माल्यवंत गृह गयउ बहोरी । कहइ बिभीषनु पुनि कर जोरी ॥
mālyavaṁta gṛha gayau bahorī, kahai bibhīṣanu puni kara jorī.
सुमति कुमति सब कें उर रहहीं । नाथ पुरान निगम अस कहहीं ॥
sumati kumati saba keṁ ura rahahīṁ, nātha purāna nigama asa kahahīṁ.
जहाँ सुमति तहँ संपति नाना । जहाँ कुमति तहँ बिपति निदाना ॥
jahāṁ sumati tahaṁ saṁpati nānā, jahāṁ kumati tahaṁ bipati nidānā.
तव उर कुमति बसी बिपरीता । हित अनहित मानहु रिपु प्रीता ॥
tava ura kumati basī biparītā, hita anahita mānahu ripu prītā.
कालराति निसिचर कुल केरी । तेहि सीता पर प्रीति घनेरी ॥
kālarāti nisicara kula kerī, tehi sītā para prīti ghanerī.

Trans:

Malyavan, one of the wise counselors, greatly rejoiced hearing these words. "Your younger brother is the very ornament of wisdom; take to heart the admirable counsel of Vibhishan, my son." But Rāvan thundered, "Both these idiots dare glorify the enemy! Is there no one here who will remove them from my sight?" Malyavan thereupon returned to his home, but Vibhishan,

---

[3] सिया राम siyā rāma

मंगल भवन अमंगल हारी । द्रवउ सो दसरथ अजिर बिहारी ॥
maṁgala bhavana amaṁgala hārī, dravau so dasaratha ajira bihārī.

with clasped hands, spoke yet again, "Wisdom and un-wisdom dwell in every heart, O master—so declare the Vedas and Purāṇas. Where there is wisdom, prosperity of every kind reigns; and where there is non-wisdom, misfortune is the inevitable result. Perversity has taken possession of your heart—that is why you consider your friends as foes and your foes as friends. And that is why you have become so extremely enamored of Sītā—who is the very Night of Death for the destruction of our race.

दोहा-dohā:

तात चरन गहि मागउँ राखहु मोर दुलार ।
tāta carana gahi māgauṁ rākhahu mora dulāra,
सीता देहु राम कहुँ अहित न होइ तुम्हार ॥४०॥
sītā dehu rāma kahuṁ ahita na hoi tumhāra. 40.

Trans:

Clasping your feet, my brother, I beseech to you; please grant this prayer of mine as a token of our affection: restore Sītā to Rāma and absolutely nothing bad will happen to you I tell you."

चौपाई-caupāī:

बुध पुरान श्रुति संमत बानी । कही बिभीषन नीति बखानी ॥
budha purāna śruti saṁmata bānī, kahī bibhīṣana nīti bakhānī.
सुनत दसानन उठा रिसाई । खल तोहि निकट मुत्यु अब आई ॥
sunata dasānana uṭhā risāī, khala tohi nikaṭa mutyu aba āī.
जिअसि सदा सठ मोर जिआवा । रिपु कर पच्छ मूढ़ तोहि भावा ॥
jiasi sadā saṭha mora jiāvā, ripu kara paccha mūṛha tohi bhāvā.
कहसि न खल अस को जग माहीं । भुज बल जाहि जिता मैं नाहीं ॥
kahasi na khala asa ko jaga māhīṁ, bhuja bala jāhi jitā maiṁ nāhīṁ.
मम पुर बसि तपसिन्ह पर प्रीती । सठ मिलु जाइ तिन्हहि कहु नीती ॥
mama pura basi tapasinha para prītī, saṭha milu jāi tinhahi kahu nītī.
अस कहि कीन्हेसि चरन प्रहारा । अनुज गहे पद बारहिं बारा ॥
asa kahi kīnhesi carana prahārā, anuja gahe pada bārahiṁ bārā.
उमा संत कइ इहइ बड़ाई । मंद करत जो करइ भलाई ॥
umā saṁta kai ihai baṛāī, maṁda karata jo karai bhalāī.
तुम्ह पितु सरिस भलेहिं मोहि मारा । रामु भजें हित नाथ तुम्हारा ॥
tumha pitu sarisa bhalehiṁ mohi mārā, rāmu bhajeṁ hita nātha tumhārā.
सचिव संग लै नभ पथ गयऊ । सबहि सुनाइ कहत अस भयऊ ॥
saciva saṁga lai nabha patha gayaū, sabahi sunāi kahata asa bhayaū.

Trans:

The words which Vibhishan spoke were wise and prudent, supported by the authority of Vedas and Puranas, but the Ten-headed rose in great fury upon hearing them, "O wretch, your death is imminent now. You live on my generosity, fool—it is I who keeps you alive—and yet you favor the enemy's side! Tell me wretch, if there is any one in this world whom I have not conquered by the might of my arms! You dwell in my city and yet you cherish

अजर अमर गुननिधि सुत होहू । करहुँ बहुत रघुनायक छोहू ॥
ajara amara gunanidhi suta hohū, karahuṁ bahuta raghunāyaka chohū.

love for those hermits! Fool, better you go to them then and preach to them your wisdom." Saying so Rāvan kicked his brother away—but who still continued to clasp him by the feet pleading, "You are like a father to me—it is well that you have beaten me. But your welfare, my lord, lies in devotion to Shrī Rāma." O Umā, therein lies the greatness of a saint—who returns good even for evil. Eventually Vibhishan left taking his ministers along with him. As he made his way through the air, he announced loudly for all to hear:

दोहा-dohā:

रामु सत्यसंकल्प प्रभु सभा कालबस तोरि ।
rāmu satyasaṁkalpa prabhu sabhā kālabasa tori,
मैं रघुबीर सरन अब जाउँ देहु जनि खोरि ॥४१॥
maiṁ raghubīra sarana aba jāuṁ dehu jani khori. 41.

Trans:
"Rāma is the All-sufficient All-mighty Lord God who can destroy by His mere will. This council, overpowered by fate, seems destined to be doomed. I now seek refuge in Rāma, lay no blame upon me."

चौपाई-caupāī:

अस कहि चला बिभीषनु जबहीं । आयूहीन भए सब तबहीं ॥[4]
asa kahi calā bibhīṣanu jabahīṁ, āyūhīna bhae saba tabahīṁ.
साधु अवग्या तुरत भवानी । कर कल्यान अखिल कै हानी ॥
sādhu avagyā turata bhavānī, kara kalyāna akhila kai hānī.
रावन जबहिं बिभीषन त्यागा । भयउ बिभव बिनु तबहिं अभागा ॥
rāvana jabahiṁ bibhīṣana tyāgā, bhayau bibhava binu tabahiṁ abhāgā.
चलेउ हरषि रघुनायक पाहीं । करत मनोरथ बहु मन माहीं ॥
caleu haraṣi raghunāyaka pāhīṁ, karata manoratha bahu mana māhīṁ.
देखिहउँ जाइ चरन जलजाता । अरुन मृदुल सेवक सुखदाता ॥
dekhihauṁ jāi carana jalajātā, aruna mṛdula sevaka sukhadātā.
जे पद परसि तरी रिषिनारी । दंडक कानन पावनकारी ॥
je pada parasi tarī riṣinārī, daṁḍaka kānana pāvanakārī.
जे पद जनकसुताँ उर लाए । कपट कुरंग संग धर धाए ॥
je pada janakasutāṁ ura lāe, kapaṭa kuraṁga saṁga dhara dhāe.
हर उर सर सरोज पद जेई । अहोभाग्य मैं देखिहउँ तेई ॥
hara ura sara saroja pada jeī, ahobhāgya maiṁ dekhihauṁ teī.

Trans:
Speaking thusly Vibhishan left—and with his departure, their doom and death became sealed. Disrespect to a saint brings speedy ruin to one's propitiousness and prosperity. The moment he abandoned Vibhishan, that luckless wretch Rāvan lost all his glory and fortune. Joyfully Vibhishan proceeded to meet Shrī Rāma, his heart brimming with excitement and anticipation: "I am about to behold those lotus feet—so roseate, so delicate,

---

[4] श्री राम: शरणं मम: śrī rāmaḥ śaraṇaṁ mamaḥ

मंगल भवन अमंगल हारी । द्रवउ सो दसरथ अजिर बिहारी ॥
maṁgala bhavana amaṁgala hārī, dravau so dasaratha ajira bihārī.

so beneficent to all who wait upon them—those very feet which hallowed the paths of Daṁḍak forest and redeemed the Rishī's wife Ahalyā—the hallowed feet that Janak's daughter locked up in her heart, even while they moved to chase the delusive deer—and which feet dwell as pair of lotuses in the lake of Shiva's heart—how fortunate am I that I will get to see those very blessed feet.

dohā:

जिन्ह पायन्ह के पादुकन्हि भरतु रहे मन लाइ ।
jinha pāyanha ke pādukanhi bharatu rahe mana lāi,
ते पद आजु बिलोकिहउँ इन्ह नयननि अब जाइ ॥४२॥
te pada āju bilokihauṁ inha nayananhi aba jāi. 42.

Trans:

Those very feet, even the wooden Pādukas of which are lovingly adored by Bharat, I shall this very day, and very soon, behold with my own eyes."

caupāī:

एहि बिधि करत सप्रेम बिचारा । आयउ सपदि सिंधु एहिं पारा ॥
ehi bidhi karata saprema bicārā, āyau sapadi siṁdhu ehiṁ pārā.
कपिन्ह बिभीषनु आवत देखा । जाना कोउ रिपु दूत बिसेषा ॥
kapinha bibhīṣanu āvata dekhā, jānā kou ripu dūta biseṣā.
ताहि राखि कपीस पहिं आए । समाचार सब ताहि सुनाए ॥
tāhi rākhi kapīsa pahiṁ āe, samācāra saba tāhi sunāe.
कह सुग्रीव सुनहु रघुराई । आवा मिलन दसानन भाई ॥
kaha sugrīva sunahu raghurāī, āvā milana dasānana bhāī.
कह प्रभु सखा बूझिऐ काहा । कहइ कपीस सुनहु नरनाहा ॥
kaha prabhu sakhā būjhiai kāhā, kahai kapīsa sunahu naranāhā.
जानि न जाइ निसाचर माया । कामरूप केहि कारन आया ॥
jāni na jāi nisācara māyā, kāmarūpa kehi kārana āyā.
भेद हमार लेन सठ आवा । राखिअ बाँधि मोहि अस भावा ॥
bheda hamāra lena saṭha āvā, rākhia bāṁdhi mohi asa bhāvā.
सखा नीति तुम्ह नीकि बिचारी । मम पन सरनागत भयहारी ॥
sakhā nīti tumha nīki bicārī, mama pana saranāgata bhayahārī.
सुनि प्रभु बचन हरष हनुमाना । सरनागत बच्छल भगवाना ॥
suni prabhu bacana haraṣa hanumānā, saranāgata bacchala bhagavānā.

Trans:

With such loving fancies to occupy his mind, Vibhishan quickly arrived on this side of the ocean. Seeing him arrive, the monkeys took him to be some special envoy of the enemy; so therefore they detained him outside and went calling to their chiefs with the news. Said Sugrīv, "Hearken O Raghurai, Rāvan's brother has come to meet you." And the Lord asked, "What do you advice friend?" The monkey-king replied, "Mark my words Sire, the craftiness of demons is past all telling, their nefarious ways can not be fathomed. Though capable of assuming any form, wherefore he comes here in person—that's a

अजर अमर गुननिधि सुत होहू । करहुँ बहुत रघुनायक छोहू ॥
ajara amara gunanidhi suta hohū, karahuṁ bahuta raghunāyaka chohū.

mystery. Perhaps the fool has come here to spy out our secrets; I would fain detain him and keep him a prisoner." Whereupon Rāma said, "Friend, you have reasoned well and with much worldly wisdom; but my vow is to dispel the fears of all those who seek refuge in me." Hanumān rejoiced to hear these words of the Lord—who cherishes affection for a suppliant even as a parent does.

dohā-dohā:

सरनागत कहुँ जे तजहिं निज अनहित अनुमानि ।
saranāgata kahuṁ je tajahiṁ nija anahita anumāni,
ते नर पावँर पापमय तिन्हहि बिलोकत हानि ॥ ४३ ॥
te nara pāvaṁra pāpamaya tinhahi bilokata hāni. 43.

Trans:
"Such people are vile and sinful, and their very sight is abominable who—apprehending ill for themselves—forsake someone who has come genuinely in full surrender, seeking shelter.

caupāī-caupāī:

कोटि बिप्र बध लागहिं जाहू । आएँ सरन तजउँ नहिं ताहू ॥
koṭi bipra badha lāgahiṁ jāhū, āeṁ sarana tajaum̐ nahiṁ tāhū.
सनमुख होइ जीव मोहि जबहीं । जन्म कोटि अघ नासहिं तबहीं ॥
sanamukha hoi jīva mohi jabahīṁ, janma koṭi agha nāsahiṁ tabahīṁ.
पापवंत कर सहज सुभाऊ । भजनु मोर तेहि भाव न काऊ ॥
pāpavaṁta kara sahaja subhāū, bhajanu mora tehi bhāva na kāū.
जौं पै दुष्टहृदय सोइ होई । मोरें सनमुख आव कि सोई ॥
jauṁ pai duṣṭahadaya soi hoī, moreṁ sanamukha āva ki soī.
निर्मल मन जन सो मोहि पावा । मोहि कपट छल छिद्र न भावा ॥
nirmala mana jana so mohi pāvā, mohi kapaṭa chala chidra na bhāvā.
भेद लेन पठवा दससीसा । तबहुँ न कछु भय हानि कपीसा ॥
bheda lena paṭhavā dasasīsā, tabahuṁ na kachu bhaya hāni kapīsā.
जग महुँ सखा निसाचर जेते । लछिमनु हनइ निमिष महुँ तेते ॥
jaga mahuṁ sakhā nisācara jete, lachimanu hanai nimiṣa mahuṁ tete.
जौं सभीत आवा सरनाईं । रखिहउँ ताहि प्रान की नाईं ॥
jauṁ sabhīta āvā saranāīṁ, rakhihauṁ tāhi prāna kī nāīṁ.

Trans:
I will not abandon even the slayer of a myriad Brahmins, were he to seek refuge in me. The moment they turn their face to me, the sins accrued through millions of lives of the Jivas get washed out. By their very nature, someone who is sinful can never take delight in my worship. Had Vibhishan been wicked at heart, could he have dared make it in my presence? Such alone—who have a pure heart—can attain to me. I have aversion for duplicity, hypocrisy, wile and deceit. And even if Rāvan has sent him here to spy out our secrets, then too we have nothing to fear or lose O monkey-chief. My friend, Lakshman can dispose of in a trice all the demons that this world

---

मंगल भवन अमंगल हारी । द्रवउ सो दसरथ अजिर बिहारी ॥
maṁgala bhavana amaṁgala hārī, dravau so dasaratha ajira bihārī.

may hold; and if he has come here out of fear, seeking my protection, then I will protect him as I would my own life.

दोहा-dohā:

उभय भाँति तेहि आनहु हँसि कह कृपानिकेत ।
ubhaya bhām̐ti tehi ānahu ham̐si kaha kṛpāniketa,
जय कृपाल कहि कपि चले अंगद हनू समेत ॥४४॥
jaya kṛpāla kahi kapi cale aṁgada hanū sameta. 44.

Trans:

In either case have him brought here," thus spake the All-Merciful with a smile. "Glory be Thine, O merciful Lord," shouted the monkeys as they went with Aṁgad and Hanumān to usher in Vibhishan.

चौपाई-caupāī:

सादर तेहि आगें करि बानर । चले जहाँ रघुपति करुनाकर ॥
sādara tehi āgeṁ kari bānara, cale jahām̐ raghupati karunākara.
दूरिहि ते देखे द्वौ भ्राता । नयनानंद दान के दाता ॥
dūrihi te dekhe dvau bhrātā, nayanānaṁda dāna ke dātā.
बहुरि राम छबिधाम बिलोकी । रहेउ ठटुकि एकटक पल रोकी ॥
bahuri rāma chabidhāma bilokī, raheu ṭhaṭuki ekaṭaka pala rokī.
भुज प्रलंब कंजारुन लोचन । स्यामल गात प्रनत भय मोचन ॥
bhuja pralaṁba kaṁjāruna locana, syāmala gāta pranata bhaya mocana.
सिंघ कंध आयत उर सोहा । आनन अमित मदन मन मोहा ॥
siṁgha kaṁdha āyata ura sohā, ānana amita madana mana mohā.
नयन नीर पुलकित अति गाता । मन धरि धीर कही मृदु बाता ॥
nayana nīra pulakita ati gātā, mana dhari dhīra kahī mṛdu bātā.
नाथ दसानन कर मैं भ्राता । निसिचर बंस जनम सुरत्राता ॥
nātha dasānana kara maiṁ bhrātā, nisicara baṁsa janama suratrātā.
सहज पापप्रिय तामस देहा । जथा उलूकहि तम पर नेहा ॥
sahaja pāpapriya tāmasa dehā, jathā ulūkahi tama para nehā.

Trans:

Placing Vibhishan ahead, they respectfully escorted him into the presence of Raghupati, the mine of compassion. Vibhishan beheld from a distance the two brothers—the duo who impart unending bliss by their very blessed sight. Looking upon Rāma's perfect beauty, he stood stock-still, his gaze intently fixed. Vibhishan beheld the beautiful form of Rāma—the long arms, the red lotus-like eyes, swarthy limbs which rid the suppliant of all fears, the dark-hued body with lion-like shoulders, magnificent wide chest and a most charming face—beauty which would ravish the soul of Kāmadev himself. With eyes tearing up and trembling limbs, Vibhishan at last composed himself enough to speak in accents most mild: "My Lord, I am Rāvan's brother. I am born of the demon race of savage temperament and I am as naturally prone to evil as an owl is partial to the dark night, O Protector of gods.

अजर अमर गुननिधि सुत होहू । करहुँ बहुत रघुनायक छोहू ॥
ajara amara gunanidhi suta hohū, karahuṁ bahuta raghunāyaka chohū.

दोहा-dohā:

श्रवन सुजसु सुनि आयउँ प्रभु भंजन भव भीर ।
śravana sujasu suni āyauṁ prabhu bhaṁjana bhava bhīra,
त्राहि त्राहि आरति हरन सरन सुखद रघुबीर ॥४५॥
trāhi trāhi ārati harana sarana sukhada raghubīra. 45.

Trans:

Having heard with my ears of Thy fair renown I have come to Thee—knowing my Lord to be the dissipater of all the fears of existence. Save me, O save me Raghubīr, O reliever of distress, O giver of joys, I have come seeking refuge in Thee."

चौपाई-caupāī:

अस कहि करत दंडवत देखा । तुरत उठे प्रभु हरष बिसेषा ॥
asa kahi karata daṁḍavata dekhā, turata uṭhe prabhu haraṣa biseṣā.
दीन बचन सुनि प्रभु मन भावा । भुज बिसाल गहि हृदयँ लगावा ॥
dīna bacana suni prabhu mana bhāvā, bhuja bisāla gahi hṛdayaṁ lagāvā.
अनुज सहित मिलि ढिग बैठारी । बोले बचन भगत भयहारी ॥
anuja sahita mili ḍhiga baiṭhārī, bole bacana bhagata bhayahārī.
कहु लंकेस सहित परिवारा । कुसल कुठाहर बास तुम्हारा ॥
kahu laṁkesa sahita parivārā, kusala kuṭhāhara bāsa tumhārā.
खल मंडलीं बसहु दिनु राती । सखा धरम निबहइ केहि भाँती ॥
khala maṁḍalīṁ basahu dinu rātī, sakhā dharama nibahai kehi bhām̐tī.
मैं जानउँ तुम्हारि सब रीती । अति नय निपुन न भाव अनीती ॥
maiṁ jānauṁ tumhāri saba rītī, ati naya nipuna na bhāva anītī.
बरु भल बास नरक कर ताता । दुष्ट संग जनि देइ बिधाता ॥
baru bhala bāsa naraka kara tātā, duṣṭa saṁga jani dei bidhātā.
अब पद देखि कुसल रघुराया । जौं तुम्ह कीन्हि जानि जन दाया ॥
aba pada dekhi kusala raghurāyā, jauṁ tumha kīnhi jāni jana dāyā.

Trans:

When he saw Vibhishan falling prostrate uttering these words, the Lord arose hastily and full of joy. The humble speech of Vibhishan charmed the Lord, and he, of long arms, clasped the suppliant to his heart. Having, along with his brother, thus welcomed Vibhishan, the Lord seated him by his side and spoke words to allay his votary of every fear, "Tell me, O king of Lankā, is all well with you and your family? You dwell in a deplorable place; day and night you live in the midst of wicked multitudes—how then are you able to maintain your piety, my friend? I know all your circumstance: your propensity for virtue and aversion to evil. My friend, it is better to live in hell rather than in the company of evil." "All is well with me now that I behold your lotus feet, Raghurai. Blessed am I that you shower me with your mercy—recognizing me to be your servant."

मंगल भवन अमंगल हारी । द्रवउ सो दसरथ अजिर बिहारी ॥
maṁgala bhavana amaṁgala hārī, dravau so dasaratha ajira bihārī.

दोहा-dohā:

तब लगि कुसल न जीव कहुँ सपनेहुँ मन बिश्राम ।
taba lagi kusala na jīva kahum̐ sapanehum̐ mana biśrāma,
जब लगि भजत न राम कहुँ सोक धाम तजि काम ॥४६॥
jaba lagi bhajata na rāma kahum̐ soka dhāma taji kāma. 46.

Trans:

[Said Shiva:] No Jiva can have any worldly wellbeing nor have any semblance of peace—even in dream—until he worships Rāma having forsworn lust—that perennial fount of sorrows and remorse.

चौपाई-caupāī:

तब लगि हृदयँ बसत खल नाना । लोभ मोह मच्छर मद माना ॥[5]
taba lagi hr̥dayam̐ basata khala nānā, lobha moha macchara mada mānā.
जब लगि उर न बसत रघुनाथा । धरें चाप सायक कटि भाथा ॥
jaba lagi ura na basata raghunāthā, dharem̐ cāpa sāyaka kaṭi bhāthā.
ममता तरुन तमी अँधिआरी । राग द्वेष उलूक सुखकारी ॥
mamatā taruna tamī am̐dhiārī, rāga dveṣa ulūka sukhakārī.
तब लगि बसति जीव मन माहीं । जब लगि प्रभु प्रताप रबि नाहीं ॥
taba lagi basati jīva mana māhīm̐, jaba lagi prabhu pratāpa rabi nāhīm̐.
अब मैं कुसल मिटे भय भारे । देखि राम पद कमल तुम्हारे ॥
aba maim̐ kusala miṭe bhaya bhāre, dekhi rāma pada kamala tumhāre.
तुम्ह कृपाल जा पर अनुकूला । ताहि न ब्याप त्रिबिध भव सूला ॥
tumha kr̥pāla jā para anukūlā, tāhi na byāpa tribidha bhava sūlā.
मैं निसिचर अति अधम सुभाऊ । सुभ आचरनु कीन्ह नहिं काऊ ॥
maim̐ nisicara ati adhama subhāū, subha ācaranu kīnha nahim̐ kāū.
जासु रूप मुनि ध्यान न आवा । तेहिं प्रभु हरषि हृदयँ मोहि लावा ॥
jāsu rūpa muni dhyāna na āvā, tehim̐ prabhu haraṣi hr̥dayam̐ mohi lāvā.

Trans:

The villainous crew—greed, infatuation, jealousy, arrogance, pride—haunts the mind only so long as Raghunāth—armed with bow, arrows and a quiver fastened to his waist—does not take up his abode there. The intensely darkly night of worldly attachments—so agreeable to the owl-like passions of infatuation and hate—abides in the soul only so long as the Sun of the Lord's glory does not glow there. "Now that I have beheld your lotus feet, O Rāma, I am completely well and my gravest fears have been put to rest. The Threefold torments of Existence cease to have any effect upon those to whom you, in your mercy, show favor. I am a demon, of utterly vile nature, who never performed any goodly acts; and yet my Lord—whose divine vision even the saints scarcely attain despite their many profound meditations—has been pleased to take me to his heart.

---

[5] जय सियाराम जय जय सियाराम jaya siyārāma jaya jaya siyārāma
अजर अमर गुननिधि सुत होहू । करहुँ बहुत रघुनायक छोहू ॥
ajara amara gunanidhi suta hohū, karahum̐ bahuta raghunāyaka chohū.

दोहा-dohā:

अहोभाग्य मम अमित अति राम कृपा सुख पुंज ।
ahobhāgya mama amita ati rāma kṛpā sukha puṁja,
देखेउँ नयन बिरंचि सिव सेब्य जुगल पद कंज ॥४७॥
dekheuṁ nayana biraṁci siva sebya jugala pada kaṁja. 47.

Trans:
O All-gracious, All-blissful Rāma, I am blessed beyond measure in that I behold with my own eyes these hallowed lotus-feet—which even gods like Brahmmā and Shiva so lovingly adore."

चौपाई-caupāī:

सुनहु सखा निज कहउँ सुभाऊ । जान भुसुंडि संभु गिरिजाऊ ॥
sunahu sakhā nija kahauṁ subhāū, jāna bhusumḍi sambhu girijāū.
जौं नर होइ चराचर द्रोही । आवै सभय सरन तकि मोही ॥
jauṁ nara hoi carācara drohī, āve sabhaya sarana taki mohī.
तजि मद मोह कपट छल नाना । करउँ सद्य तेहि साधु समाना ॥
taji mada moha kapaṭa chala nānā, karauṁ sadya tehi sādhu samānā.
जननी जनक बंधु सुत दारा । तनु धनु भवन सुहृद परिवारा ॥
jananī janaka baṁdhu suta dārā, tanu dhanu bhavana suhṛada parivārā.
सब कै ममता ताग बटोरी । मम पद मनहि बाँध बरि डोरी ॥
saba kai mamatā tāga baṭorī, mama pada manahi bāṁdha bari ḍorī.
समदरसी इच्छा कछु नाहीं । हरष सोक भय नहिं मन माहीं ॥
samadarasī icchā kachu nāhīṁ, haraṣa soka bhaya nahiṁ mana māhīṁ.
अस सज्जन मम उर बस कैसें । लोभी हृदयँ बसइ धनु जैसें ॥
asa sajjana mama ura basa kaiseṁ, lobhī hṛdayaṁ basai dhanu jaiseṁ.
तुम्ह सारिखे संत प्रिय मोरें । धरउँ देह नहिं आन निहोरें ॥
tumha sārikhe saṁta priya moreṁ, dharauṁ deha nahiṁ āna nihoreṁ.

Trans:
"Listen friend; let me tell you something of my nature—which is well known to Bhushundi, Shambhu, Girijā and others: If a person—even one who has been the curse of the whole world—comes in fear and complete surrender to me, abjuring all his pride and sensuality, without any subterfuge or guile, then I cast him at once into the very likeliness of a saint. The ties of affection which bind a person to mother, father, sibling, son, spouse, and to body, wealth, house, friends, relatives—are like so many strings; and those very strings, a wise and pious soul gathers up and twists into a cord—wherewith he binds himself unto my feet. With a mind freed of joy, grief and fear, such a one looks upon all beings with an eye of equanimity—devoid of all cravings. A saint of such description abides in my heart even as mammon resides in the heart of a covetous man. Saintly people like you are very dear to me, and it is only for their sake, and for no other reason, that I become Incarnate from Age to Age.

मंगल भवन अमंगल हारी । द्रवउ सो दसरथ अजिर बिहारी ॥
maṁgala bhavana amaṁgala hārī, dravau so dasaratha ajira bihārī.

दोहा-dohā:

सगुन उपासक परहित निरत नीति दृढ़ नेम ।
saguna upāsaka parahita nirata nīti dṛṛha nema,
ते नर प्रान समान मम जिन्ह कें द्विज पद प्रेम ॥४८॥
te nara prāna samāna mama jinha kem dvija pada prema. 48.

Trans:
Those who worship the Personal form of the Impersonal Unmanifest God, who are steadfast in uprightness, strict in pious observances, and who love and revere the twice-born—such people are dear to me like life itself.

चौपाई-caupāī:

सुनु लंकेस सकल गुन तोरें । तातें तुम्ह अतिसय प्रिय मोरें ॥
sunu laṁkesa sakala guna toreṁ, tāteṁ tumha atisaya priya moreṁ.
राम बचन सुनि बानर जूथा । सकल कहहिं जय कृपा बरूथा ॥
rāma bacana suni bānara jūthā, sakala kahahiṁ jaya kṛpā barūthā.
सुनत बिभीषनु प्रभु कै बानी । नहिं अघात श्रवनामृत जानी ॥
sunata bibhīṣanu prabhu kai bānī, nahiṁ aghāta śravanāmṛta jānī.
पद अंबुज गहि बारहिं बारा । हृदयँ समात न प्रेमु अपारा ॥
pada aṁbuja gahi bārahiṁ bārā, hṛdayaṁ samāta na premu apārā.
सुनहु देव सचराचर स्वामी । प्रनतपाल उर अंतरजामी ॥
sunahu deva sacarācara svāmī, pranatapāla ura aṁtarajāmī.
उर कछु प्रथम बासना रही । प्रभु पद प्रीति सरित सो बही ॥
ura kachu prathama bāsanā rahī, prabhu pada prīti sarita so bahī.
अब कृपाल निज भगति पावनी । देहु सदा सिव मन भावनी ॥
aba kṛpāla nija bhagati pāvanī, dehu sadā siva mana bhāvanī.
एवमस्तु कहि प्रभु रनधीरा । मागा तुरत सिंधु कर नीरा ॥
evamastu kahi prabhu ranadhīrā, māgā turata siṁdhu kara nīrā.
जदपि सखा तव इच्छा नाहीं । मोर दरसु अमोघ जग माहीं ॥
jadapi sakhā tava icchā nāhīṁ, mora darasu amogha jaga māhīṁ.
अस कहि राम तिलक तेहि सारा । सुमन बृष्टि नभ भई अपारा ॥
asa kahi rāma tilaka tehi sārā, sumana bṛṣṭi nabha bhaī apārā.

Trans:
Listen O king of Lankā, you possess all these virtues and hence are very dear to me." On hearing these words of Shrī Rāma all the assembled monkeys cried out, "Glory to the All-merciful Lord!" The words of the Lord-God were like ambrosia to Vibhishan's ear, and unable to contain himself, and with his heart overflowing with joy, he clasped the Lord's feet again and again, saying "Hear O God, O Lord of all creation, O protector of the suppliant, O knower of all hearts: Hitherto, perchance I had some lurking desires in my heart, but forthwith they have all been washed away in the ebullient stream of devotion that now flows in my heart. Now, O gracious Lord, please grant me that very pure devotion to your holy feet which ever gladdens the heart of Lord Shiva." "Let that be so", averred the All-mighty valiant Lord; and then he asked for

अजर अमर गुननिधि सुत होहू । करहुँ बहुत रघुनायक छोहू ॥
ajara amara gunanidhi suta hohū, karahuṁ bahuta raghunāyaka chohū.

some water of the ocean to be brought there. "Even though you have no cravings, my friend, but in this world, the beholding of my sight invariably brings a reward all its own." Saying so, Rāma performed the *Rāj-Tilak* on his forehead—thereby bestowing the sovereignty of Lankā upon Vibhishan. An infinite shower of flowers rained down from the heavens.

दोहा-dohā:

रावन क्रोध अनल निज स्वास समीर प्रचंड ।
rāvana krodha anala nija svāsa samīra pracaṁḍa,
जरत बिभीषनु राखेउ दीन्हेउ राजु अखंड ॥४९क॥
jarata bibhīṣanu rākheu dīnheu rāju akhaṁḍa. 49(ka).

जो संपति सिव रावनहि दीन्हि दिएँ दस माथ ।
jo saṁpati siva rāvanahi dīnhi dieṁ dasa māthā,
सोइ संपदा बिभीषनहि सकुचि दीन्ह रघुनाथ ॥४९ख॥
soi saṁpadā bibhīṣanahi sakuci dīnha raghunātha. 49(kha).

Trans:

Thus did Raghunāth protect Vibhishan—who was burning having being been consumed by the fiery wrath of Rāvan which had been fanned to fury by Vibhishan's own exhalation of words. Nay, the Lord Raghunāth—with no ostentation and with much humility—conferred upon Vibhishan that very fortune which Lord Shiva had given to Rāvan when he had offered his ten heads in sacrifice.

चौपाई-caupāī:

अस प्रभु छाड़ि भजहिं जे आना । ते नर पसु बिनु पूँछ बिषाना ॥
asa prabhu chāḍi bhajahiṁ je ānā, te nara pasu binu pūṁcha biṣānā.
निज जन जानि ताहि अपनावा । प्रभु सुभाव कपि कुल मन भावा ॥
nija jana jāni tāhi apanāvā, prabhu subhāva kapi kula mana bhāvā.
पुनि सर्बग्य सर्ब उर बासी । सर्बरूप सब रहित उदासी ॥
puni sarbagya sarba ura bāsī, sarbarūpa saba rahita udāsī.
बोले बचन नीति प्रतिपालक । कारन मनुज दनुज कुल घालक ॥
bole bacana nīti pratipālaka, kārana manuja danuja kula ghālaka.
सुनु कपीस लंकापति बीरा । केहि बिधि तरिअ जलधि गंभीरा ॥
sunu kapīsa laṁkāpati bīrā, kehi bidhi taria jaladhi gaṁbhīrā.
संकुल मकर उरग झष जाती । अति अगाध दुस्तर सब भाँती ॥
saṁkula makara uraga jhaṣa jātī, ati agādha dustara saba bhāṁtī.
कह लंकेस सुनहु रघुनायक । कोटि सिंधु सोषक तव सायक ॥
kaha laṁkesa sunahu raghunāyaka, koṭi siṁdhu soṣaka tava sāyaka.
जद्यपि तदपि नीति असि गाई । बिनय करिअ सागर सन जाई ॥
jadyapi tadapi nīti asi gāī, binaya karia sāgara sana jāī.

Trans:

Those who forsake such a God, or worship another, are mere animals without tails or horns. Recognizing Vibhishan as his own, the Lord accepted him in his

मंगल भवन अमंगल हारी । द्रवउ सो दसरथ अजिर बिहारी ॥
maṁgala bhavana amaṁgala hārī, dravau so dasaratha ajira bihārī.

service. The good nature of their amiable Lord gladdened the hearts of all monkeys. Then the All-wise who dewlleth in all hearts, who is the formless reality that has become manifest as all these forms, who moves all this creation yet remains unmoved and unattached, who is the Formless-Absolute who became Incarnate to exterminate the wicked—spoke the following words, strictly to observe the rules of decorum: "Hearken O monkey-king and O valiant monarch of Lankā: how are we to cross this deep ocean, teeming with alligators, serpents, sea-monsters and other things, which is of fathomless depths and so difficult to cross whichever way one looks?" Vibhishan replied, "Hearken, O Raghunāyak: your arrows can burn down a thousand seas, but propriety dictates that we approach the ocean first and make petitions to that god to allow us a passage through.

दोहा-dohā:

प्रभु तुम्हार कुलगुर जलधि कहिहि उपाय बिचारि ।
prabhu tumhāra kulagura jaladhi kahihi upāya bicāri,
बिनु प्रयास सागर तरिहि सकल भालु कपि धारि ॥५०॥
binu prayāsa sāgara tarihi sakala bhālu kapi dhāri. 50.

Trans:

My lord, the deity presiding over the ocean is an ancestor in your lineage. Surely he can suggest some means whereby this army of bears and monkeys can get across the sea without trouble."

चौपाई-caupāī:

सखा कही तुम्ह नीकि उपाई । करिअ दैव जौं होइ सहाई ॥
sakhā kahī tumha nīki upāī, karia daiva jauṁ hoi sahāī.
मंत्र न यह लछिमन मन भावा । राम बचन सुनि अति दुख पावा ॥
maṁtra na yaha lachimana mana bhāvā, rāma bacana suni ati dukha pāvā.
नाथ दैव कर कवन भरोसा । सोषिअ सिंधु करिअ मन रोसा ॥
nātha daiva kara kavana bharosā, soṣia siṁdhu karia mana rosā.
कादर मन कहुँ एक अधारा । दैव दैव आलसी पुकारा ॥
kādara mana kahuṁ eka adhārā, daiva daiva ālasī pukārā.
सुनत बिहसि बोले रघुबीरा । ऐसेहिं करब धरहु मन धीरा ॥
sunata bihasi bole raghubīrā, aisehiṁ karaba dharahu mana dhīrā.
अस कहि प्रभु अनुजहि समुझाई । सिंधु समीप गए रघुराई ॥
asa kahi prabhu anujahi samujhāī, siṁdhu samīpa gae raghurāī.
प्रथम प्रनाम कीन्ह सिरु नाई । बैठे पुनि तट दर्भ डसाई ॥
prathama pranāma kīnha siru nāī, baiṭhe puni taṭa darbha ḍasāī.
जबहिं बिभीषन प्रभु पहिं आए । पाछें रावन दूत पठाए ॥
jabahiṁ bibhīṣana prabhu pahiṁ āe, pācheṁ rāvana dūta paṭhāe.

Trans:

"You speak wisely my friend; let's do so and see if providence is of any help." But Lakshman did not like this counsel and was pained at the prospect of delay. He yearned to strike immediately. "Only the timorous hold onto the crutches of heavens and providences. It is only the sluggards that are found

अजर अमर गुननिधि सुत होहू । करहुँ बहुत रघुनायक छोहू ॥
ajara amara gunanidhi suta hohū, karahuṁ bahuta raghunāyaka chohū.

crying 'god, god'. Why trust in fate and god, my Lord? With your wrath, dry up this ocean at once." Raghubīr laughed and said, "Yes, that's what we shall do, but for now pray ease your mind and wait." In this way reassuring his brother Raghurai proceeded towards the seashore; and after bowing to the ocean, sat down on a spread of Kusha-grass. Meanwhile, after Vibhishan left to join Shri Rāma, Rāvan sent out some spies to follow him.

दोहा-dohā:

सकल चरित तिन्ह देखे धरें कपट कपि देह ।
sakala carita tinha dekhe dharem kapaṭa kapi deha,
प्रभु गुन हृदयँ सराहहिं सरनागत पर नेह ॥५१॥
prabhu guna hṛdayam̐ sarāhahim̐ saranāgata para neha. 51.

Trans:

The spies—disguised as monkeys—saw all that was happening there. Seeing the generosity of the Lord and his tender disposition, their hearts became filled with profound admiration.

चौपाई-caupāī:

प्रगट बखानहिं राम सुभाऊ । अति सप्रेम गा बिसरि दुराऊ ॥
pragaṭa bakhānahim̐ rāma subhāū, ati saprema gā bisari durāū.
रिपु के दूत कपिन्ह तब जाने । सकल बाँधि कपीस पहिं आने ॥
ripu ke dūta kapinha taba jāne, sakala bām̐dhi kapīsa pahim̐ āne.
कह सुग्रीव सुनहु सब बानर । अंग भंग करि पठवहु निसिचर ॥
kaha sugrīva sunahu saba bānara, amga bhamga kari paṭhavahu nisicara.
सुनि सुग्रीव बचन कपि धाए । बाँधि कटक चहु पास फिराए ॥
suni sugrīva bacana kapi dhāe, bām̐dhi kaṭaka cahu pāsa phirāe.
बहु प्रकार मारन कपि लागे । दीन पुकारत तदपि न त्यागे ॥
bahu prakāra mārana kapi lāge, dīna pukārata tadapi na tyāge.
जो हमार हर नासा काना । तेहि कोसलाधीस कै आना ॥
jo hamāra hara nāsā kānā, tehi kosalādhīsa kai ānā.
सुनि लछिमन सब निकट बोलाए । दया लागि हँसि तुरत छोड़ाए ॥
suni lachimana saba nikaṭa bolāe, dayā lāgi ham̐si turata choṛāe.
रावन कर दीजहु यह पाती । लछिमन बचन बाचु कुलघाती ॥
rāvana kara dījahu yaha pātī, lachimana bacana bācu kulaghātī.

Trans:

In the intensity of their devotion, the spies forgot their guise and began extolling the Lord's magnanimity—and their camouflage dropped. Recognizing those to be the enemy spies, the monkeys caught them and took them to Sugrīv who ordained, "Mutilate them, then turn them back." Bound and gagged, the demons were paraded throughout the camp, with the monkeys beating them variously and refusing to let them go for all their pleas for mercy—until at last they cried, "We adjure you in the name of Rāma, please do not to rob us of our ears and nose." When Lakshman heard the commotion, he had them brought before him. Moved with compassion he smiled and had the demon-spies set free. Then giving them a letter he said,

मंगल भवन अमंगल हारी । द्रवउ सो दसरथ अजिर बिहारी ॥
mam̐gala bhavana amam̐gala hārī, dravau so dasaratha ajira bihārī.

"Give this to Rāvan, and tell the destroyer of his race to read what Lakshman has to say.

दोहा-dohā:

कहेहु मुखागर मूढ़ सन मम संदेसु उदार ।
kahehu mukhāgara mūṛha sana mama saṁdesu udāra,
सीता देइ मिलेहु न त आवा कालु तुम्हार ॥५२॥
sītā dei milehu na ta āvā kālu tumhāra. 52.

Trans:
Further convey to that fool by words of mouth my magnanimous message: Surrender Sītā and make peace, or your final hour is near."

चौपाई-caupāī:

तुरत नाइ लछिमन पद माथा । चले दूत बरनत गुन गाथा ॥[6]
turata nāi lachimana pada māthā, cale dūta baranata guna gāthā.
कहत राम जसु लंकाँ आए । रावन चरन सीस तिन्ह नाए ॥
kahata rāma jasu laṁkām̐ āe, rāvana carana sīsa tinha nāe.
बिहसि दसानन पूँछी बाता । कहसि न सुक आपनि कुसलाता ॥
bihasi dasānana pūm̐chī bātā, kahasi na suka āpani kusalātā.
पुनि कहु खबरि बिभीषन केरी । जाहि मृत्यु आई अति नेरी ॥
puni kahu khabari bibhīṣana kerī, jāhi mṛtyu āī ati nerī.
करत राज लंका सठ त्यागी । होइहि जव कर कीट अभागी ॥
karata rāja laṁkā saṭha tyāgī, hoihi java kara kīṭa abhāgī.
पुनि कहु भालु कीस कटकाई । कठिन काल प्रेरित चलि आई ॥
puni kahu bhālu kīsa kaṭakāī, kaṭhina kāla prerita cali āī.
जिन्ह के जीवन कर रखवारा । भयउ मृदुल चित सिंधु बिचारा ॥
jinha ke jīvana kara rakhavārā, bhayau mṛdula cita siṁdhu bicārā.
कहु तपसिन्ह कै बात बहोरी । जिन्ह के हृदयँ त्रास अति मोरी ॥
kahu tapasinha kai bāta bahorī, jinha ke hṛdayam̐ trāsa ati morī.

Trans:
Bowing their head at Lakshman's feet the spies left—praising his generosity and singing the glories of the Lord. Still repeating Rāma's virtues, they arrived at Lankā and prostrated before Rāvan. The Ten-headed laughed as he enquired, "Tell me of your welfare, O Shuka; and then let me hear about Vibhishan, whom death has drawn so near. The fool left Lankā—where he was a lord—and now that wretch will be crushed as weevil along with the wheat. And tell me about these bears and monkeys who have been driven here by the fiat of their cruel fate—though I must say the poor old softhearted sea stands as a barrier and protector of their lives for now. Further tell me of those hermits whose hearts, I am sure, are filled in unrelenting fear of me.

---

[6] राम हरे rāma hare
अजर अमर गुननिधि सुत होहू । करहुँ बहुत रघुनायक छोहू ॥
ajara amara gunanidhi suta hohū, karahum̐ bahuta raghunāyaka chohū.

दोहा-dohā:

की भइ भेंट कि फिरि गए श्रवन सुजसु सुनि मोर ।
kī bhai bheṁṭa ki phiri gae śravana sujasu suni mora,
कहसि न रिपु दल तेज बल बहुत चकित चित तोर ॥५३॥
kahasi na ripu dala teja bala bahuta cakita cita tora. 53.

Trans:

Did they meet you as suppliants? Or did they take to flight on hearing reports of my great repute and renown? Why don't you speak—tell me of the enemy, of their forces, their strength? Why, your wits seem so utterly fazed?"

चौपाई-caupāī:

नाथ कृपा करि पूँछिहु जैसें । मानहु कहा क्रोध तजि तैसें ॥[7]
nātha kṛpā kari pūm̐chehu jaiseṁ, mānahu kahā krodha taji taiseṁ.
मिला जाइ जब अनुज तुम्हारा । जातहिं राम तिलक तेहि सारा ॥
milā jāi jaba anuja tumhārā, jātahiṁ rāma tilaka tehi sārā.
रावन दूत हमहि सुनि काना । कपिन्ह बाँधि दीन्हे दुख नाना ॥
rāvana dūta hamahi suni kānā, kapinha bām̐dhi dīnhe dukha nānā.
श्रवन नासिका काटैं लागे । राम सपथ दीन्हें हम त्यागे ॥
śravana nāsikā kāṭaiṁ lāge, rāma sapatha dīnheṁ hama tyāge.
पूँछिहु नाथ राम कटकाई । बदन कोटि सत बरनि न जाई ॥
pūm̐chihu nātha rāma kaṭakāī, badana koṭi sata barani na jāī.
नाना बरन भालु कपि धारी । बिकटानन बिसाल भयकारी ॥
nānā barana bhālu kapi dhārī, bikaṭānana bisāla bhayakārī.
जेहिं पुर दहेउ हतेउ सुत तोरा । सकल कपिन्ह महँ तेहि बलु थोरा ॥
jehiṁ pura daheu hateu suta torā, sakala kapinha mahaṁ tehi balu thorā.
अमित नाम भट कठिन कराला । अमित नाग बल बिपुल बिसाला ॥[8]
amita nāma bhaṭa kaṭhina karālā, amita nāga bala bipula bisālā.

Trans:

"As you asked, O lord, do please listen in that same spirit as well; and believe as true what we are about to tell you without being angry, we pray. Soon as your brother joined him, Rāma bestowed on his forehead the sacred Tilak of sovereignty. When discovered to be your spies, we were bound and hurt in many ways by the monkeys; they were about to cut off our ears and nose, but when we invoked the name of Rāma, they let us go. You ask, my lord, of Rāma's army—but a myriad tongues would fail to describe it. It is grand battalions of bears and monkeys of diverse hues and gruesome visage, all huge and terrible. He who set fire to the city and slew your son is the very weakest of all. There are innumerable champions there—countless reputable

---

[7] जय जय सीताराम jaya jaya sītārāma

[8] जय जय सीताराम तुलसी jaya jaya sītārāma tulasī

मंगल भवन अमंगल हारी । द्रवउ सो दसरथ अजिर बिहारी ॥
maṁgala bhavana amaṁgala hārī, dravau so dasaratha ajira bihārī.

names, all of whom are fierce and unyielding monsters of huge forms, each with strength of several elephants.

दोहा-dohā:

द्विबिद मयंद नील नल अंगद गद बिकटासि ।
dvibida mayaṁda nīla nala aṁgada gada bikaṭāsi,
दधिमुख केहरि निसठ सठ जामवंत बलरासि ॥५४॥
dadhimukha kehari nisaṭha saṭha jāmavaṁta balarāsi. 54.

Trans:

Dwivid and Mayand, Nīla and Nala, Aṁgad, Gada and Biktāsi; then again Dadhimukh and Kehari, Saṭha and Nisaṭha, and the powerful Jāmavaṁt—they are all repositories of untold might.

चौपाई-caupāī:

ए कपि सब सुग्रीव समाना । इन्ह सम कोटिन्ह गनइ को नाना ॥[9]
e kapi saba sugrīva samānā, inha sama koṭinha ganai ko nānā.
राम कृपाँ अतुलित बल तिन्हही । तृन समान त्रैलोकहि गनहीं ॥
rāma kṛpāṁ atulita bala tinhahīṁ, tṛna samāna trailokahi ganahīṁ.
अस मैं सुना श्रवन दसकंधर । पदुम अठारह जूथप बंदर ॥
asa maiṁ sunā śravana dasakaṁdhara, paduma aṭhāraha jūthapa baṁdara.
नाथ कटक महँ सो कपि नाहीं । जो न तुम्हहि जीतै रन माहीं ॥
nātha kaṭaka mahaṁ so kapi nāhīṁ, jo na tumhahi jītai rana māhīṁ.
परम क्रोध मीजहिं सब हाथा । आयसु पै न देहिं रघुनाथा ॥
parama krodha mījahiṁ saba hāthā, āyasu pai na dehiṁ raghunāthā.
सोषहिं सिंधु सहित झष ब्याला । पूरहिं न त भरि कुधर बिसाला ॥
soṣahiṁ siṁdhu sahita jhaṣa byālā, pūrahiṁ na ta bhari kudhara bisālā.
मर्दि गर्द मिलवहिं दससीसा । ऐसेइ बचन कहहिं सब कीसा ॥
mardi garda milavahiṁ dasasīsā, aisei bacana kahahiṁ saba kīsā.
गर्जहिं तर्जहिं सहज असंका । मानहुँ ग्रसन चहत हहिं लंका ॥
garjahiṁ tarjahiṁ sahaja asaṁkā, mānahuṁ grasana cahata hahiṁ laṁkā.

Trans:

Each of them is equal to king Sugrīv—and who could count all the tens of millions of others like them? By the grace of Shrī Rāma they are all incomparable in valor; and they reckon the three spheres of creation to be no more significant than straw. I have heard it said, O Rāvan, that just the monkey chiefs number eighteen thousand billions; and in the whole of army, my lord, there is not a single monkey who could not conquer you in battle. In dire anger they are chafing and wringing their hands: 'Why isn't Shrī Rāma ordering us to march? We will scorch the ocean dry with all its water and fish and creatures, and then we will decimate Rāvan and grind him into the dust.' With such words the monkeys are hollering with great fury. Utterly void of fear, they roar and rage—as if ready to devour Lankā in mere mouthfuls.

---

[9] जय हनुमंते jaya hanumaṁte
अजर अमर गुननिधि सुत होहू । करहुँ बहुत रघुनायक छोहू ॥
ajara amara gunanidhi suta hohū, karahuṁ bahuta raghunāyaka chohū.

दोहा-dohā:

सहज सूर कपि भालु सब पुनि सिर पर प्रभु राम।
sahaja sūra kapi bhālu saba puni sira para prabhu rāma,
रावन काल कोटि कहुँ जीति सकहिं संग्राम॥५५॥
rāvana kāla koṭi kahuṁ jīti sakahiṁ saṁgrāma. 55.

Trans:
These monkeys and bears are born warriors, and moreover they have the hands of the gracious Lord Rāma upon their head. Hearken O Rāvan, they would conquer even Death itself in combat a myriad times over.

चौपाई-caupāī:

राम तेज बल बुधि बिपुलाई। सेष सहस सत सकहिं न गाई॥
rāma teja bala budhi bipulāī, seṣa sahasa sata sakahiṁ na gāī.
सक सर एक सोषि सत सागर। तव भ्रातहि पूँछेउ नय नागर॥
saka sara eka soṣi sata sāgara, tava bhrātahi pūṁcheu naya nāgara.
तासु बचन सुनि सागर पाहीं। मागत पंथ कृपा मन माहीं॥
tāsu bacana suni sāgara pāhīṁ, māgata paṁtha kṛpā mana māhīṁ.
सुनत बचन बिहसा दससीसा। जौं असि मति सहाय कृत कीसा॥
sunata bacana bihasā dasasīsā, jauṁ asi mati sahāya kṛta kīsā.
सहज भीरु कर बचन दृढ़ाई। सागर सन ठानी मचलाई॥
sahaja bhīru kara bacana dṛṛhāī, sāgara sana ṭhānī macalāī.
मूढ़ मृषा का करसि बड़ाई। रिपु बल बुद्धि थाह मैं पाई॥
mūṛha mṛṣā kā karasi baṛāī, ripu bala buddhi thāha maiṁ pāī.
सचिव सभीत बिभीषन जाकें। बिजय बिभूति कहाँ जग ताकें॥
saciva sabhīta bibhīṣana jākeṁ, bijaya bibhūti kahāṁ jaga tākeṁ.
सुनि खल बचन दूत रिस बाढ़ी। समय बिचारि पत्रिका काढ़ी॥
suni khala bacana dūta risa bāṛhī, samaya bicāri patrikā kāṛhī.
रामानुज दीन्ही यह पाती। नाथ बचाइ जुड़ावहु छाती॥
rāmānuja dīnhī yaha pātī, nātha bacāi juṛāvahu chātī.
बिहसि बाम कर लीन्ही रावन। सचिव बोलि सठ लाग बचावन॥
bihasi bāma kara līnhī rāvana, saciva boli saṭha lāga bacāvana.

Trans:
And as for Him, a hundred thousand Sheshas would fail to describe the valor, might, wisdom and majesty of Shri Rāma. With a single shaft he can burn up a hundred seas; and yet, being a master of propriety, he sought the advice of your brother and in accordance with his suggestion he repaired to the sea and humbly asks the favor of a passage through." The Ten-headed laughed to hear these words, "Truly it was because of such a mindset that he took the monkeys for his allies; and that is why, putting faith in the advice of my brother—who's a born coward—he insists on badgering the ocean for the impossible—so childlike. Why do you shower sham praises upon them, fool? Enough! I have fathomed the extent of the enemy's strength and their skills. Who in the world can achieve any glory or triumph who has such cowardly

---

मंगल भवन अमंगल हारी। द्रवउ सो दसरथ अजिर बिहारी॥
maṁgala bhavana amaṁgala hārī, dravau so dasaratha ajira bihārī.

counselors as Vibhishan?" The envoys waxed angry to hear the words of the wicked monarch, and decided that it was the right moment to produce the missive given by Lakshman. "Rāma's brother gave us this letter, O lord; please have it read, and may it soothe your heart." Rāvan laughed as he took the letter in his left hand. Then summoning a minister, the fool asked for the letter to be read out aloud—and the letter said:

दोहा-dohā:

बातन्ह मनहि रिझाइ सठ जनि घालसि कुल खीस ।
bātanha manahi rijhāi saṭha jani ghālasi kula khīsa,
राम बिरोध न उबरसि सरन बिष्नु अज ईस ॥५६क॥
rāma birodha na ubarasi sarana biṣnu aja īsa. 56(ka).

की तजि मान अनुज इव प्रभु पद पंकज भृंग ।
kī taji māna anuja iva prabhu pada paṁkaja bhṛṁga,
होहि कि राम सरानल खल कुल सहित पतंग ॥५६ख॥
hohi ki rāma sarānala khala kula sahita pataṁga. 56(kha).

Trans:

"Stop living on mere talks and flattering words, you fool, and be not the one who causes the destruction of his entire race. If you are opposed to Rāma, you will not be saved even though Vishnu, Brahmma, and Shiva be your protectors. Abandon all pride and, like your brother, fly like a bee to the lotus feet of the Lord, or like a moth you will be consumed—you and your entire clan—in the flames of Shrī Rāma's fiery shafts."

चौपाई-caupāī:

सुनत सभय मन मुख मुसुकाई । कहत दसानन सबहि सुनाई ॥
sunata sabhaya mana mukha musukāī, kahata dasānana sabahi sunāī.
भूमि परा कर गहत अकासा । लघु तापस कर बाग बिलासा ॥
bhūmi parā kara gahata akāsā, laghu tāpasa kara bāga bilāsā.
कह सुक नाथ सत्य सब बानी । समुझहु छाड़ि प्रकृति अभिमानी ॥
kaha suka nātha satya saba bānī, samujhahu chāṛi prakṛti abhimānī.
सुनहु बचन मम परिहरि क्रोधा । नाथ राम सन तजहु बिरोधा ॥
sunahu bacana mama parihari krodhā, nātha rāma sana tajahu birodhā.
अति कोमल रघुबीर सुभाऊ । जद्यपि अखिल लोक कर राऊ ॥
ati komala raghubīra subhāū, jadyapi akhila loka kara rāū.
मिलत कृपा तुम्ह पर प्रभु करिही । उर अपराध न एकउ धरिही ॥
milata kṛpā tumha para prabhu karihī, ura aparādha na ekau dharihī.
जनकसुता रघुनाथहि दीजे । एतना कहा मोर प्रभु कीजे ॥
janakasutā raghunāthahi dīje, etanā kahā mora prabhu kīje.
जब तेहिं कहा देन बैदेही । चरन प्रहार कीन्ह सठ तेही ॥
jaba tehiṁ kahā dena baidehī, carana prahāra kīnha saṭha tehī.
नाइ चरन सिरु चला सो तहाँ । कृपासिंधु रघुनायक जहाँ ॥

अजर अमर गुननिधि सुत होहू । करहुँ बहुत रघुनायक छोहू ॥
ajara amara gunanidhi suta hohū, karahuṁ bahuta raghunāyaka chohū.

nāi carana siru calā so tahāṁ, kṛpāsiṁdhu raghunāyaka jahaṁ.
करि प्रनामु निज कथा सुनाई । राम कृपाँ आपनि गति पाई ॥
kari pranāmu nija kathā sunāī, rāma kṛpāṁ āpani gati pāī.
रिषि अगस्ति कीं साप भवानी । राछस भयउ रहा मुनि ग्यानी ॥
riṣi agasti kīṁ sāpa bhavānī, rāchasa bhayau rahā muni gyānī.
बंदि राम पद बारहिं बारा । मुनि निज आश्रम कहुँ पगु धारा ॥
baṁdi rāma pada bārahiṁ bārā, muni nija āśrama kahuṁ pagu dhārā.

Trans:
Rāvan was terror-stricken at heart but making a show of bravado he feigned a smile and spoke aloud for all to hear, "The younger hermit's eloquence is like a man lying on ground, trying to clutch with his hands the vaults of heavens." The envoy Shuka spoke again: "My lord, take every word of this message to be true; be wise and abandon your innate arrogance. Cease from wrath and hearken to our advice: please make an end, O sire, of your feud with Rāma. Raghubīr is exceedingly kind, though he is the Sovereign of the entire universe. The Lord will be gracious to you directly as you approach him, and he will not take to his heart even a single offence of yours. Restore to him Janak's daughter—this sire is all we ask of you; pray do so." When Shuka spoke to Rāvan about returning Sītā, the wretch kicked at him with his foot. After bowing to Rāvan's feet, Shuka too went to meet the All-merciful Rāma; and there making obeisance to the Lord, he told all about himself; and then by Rāma's favor he recovered his original state. Shuka was an enlightened sage, and it was by Agastya's curse, O Bhavānī, that he had been transformed into a demon. Adoring Shrī Rāma's feet again and again, the sage returned to his hermitage.

दोहा-dohā:

बिनय न मानत जलधि जड़ गए तीनि दिन बीति ।
binaya na mānata jaladhi jaṛa gae tīni dina bīti,
बोले राम सकोप तब भय बिनु होइ न प्रीति ॥५७॥
bole rāma sakopa taba bhaya binu hoi na prīti. 57.

Trans:
Meanwhile, although three days had passed, the immoveable ocean would make no answer to the Lord's prayers. Thereupon Shrī Rāma spoke with fury, "Looks like affinity, bond, kinship does not arise without some underlying awe and fear.

चौपाई-caupāī:
लछिमन बान सरासन आनू । सोषौं बारिधि बिसिख कृसानू ॥[10]
lachimana bāna sarāsana ānū, soṣauṁ bāridhi bisikha kṛsānū.
सठ सन बिनय कुटिल सन प्रीती । सहज कृपन सन सुंदर नीती ॥
saṭha sana binaya kuṭila sana prītī, sahaja kṛpana sana suṁdara nītī.

---

[10] जय सियाराम सियाराम, सिया राम, जय सियाराम सियाराम jaya siyārāma siyārāma, siyā rāma, jaya siyārāma siyārāma

मंगल भवन अमंगल हारी । द्रवउ सो दसरथ अजिर बिहारी ॥
maṁgala bhavana amaṁgala hārī, dravau so dasaratha ajira bihārī.

ममता रत सन ग्यान कहानी । अति लोभी सन बिरति बखानी ॥
mamatā rata sana gyāna kahānī, ati lobhī sana birati bakhānī.
क्रोधिहि सम कामिहि हरि कथा । ऊसर बीज बएँ फल जथा ॥
krodhihi sama kāmihi hari kathā, ūsara bīja baem̐ phala jathā.
अस कहि रघुपति चाप चढ़ावा । यह मत लछिमन के मन भावा ॥
asa kahi raghupati cāpa caṛhāvā, yaha mata lachimana ke mana bhāvā.
संघानेउ प्रभु बिसिख कराला । उठी उदधि उर अंतर ज्वाला ॥
saṁghāneu prabhu bisikha karālā, uṭhī udadhi ura aṁtara jvālā.
मकर उरग झष गन अकुलाने । जरत जंतु जलनिधि जब जाने ॥
makara uraga jhaṣa gana akulāne, jarata jaṁtu jalanidhi jaba jāne.
कनक थार भरि मनि गन नाना । बिप्र रूप आयउ तजि माना ॥
kanaka thāra bhari mani gana nānā, bipra rūpa āyau taji mānā.

Trans:
Lakshman bring at once my bow and arrows, and with one fiery shaft I shall dry up the ocean. To offer supplications to a barbarian, to lavish affections upon a rogue, to dispense policy of universal goodness upon a born miser, to teach wisdom to one entangled in worldliness, to glorify detachment in front of the covetous, to lecture on equanimity before an irascible person, and to tell of God unto a libidinous man—these are all the same as sowing seeds in a barren field." Saying so Rāma strung up his bow and this act pleased Lakshman greatly. When the Lord fitted the terrible arrow to his bow, a burning ensued in the heart of the ocean and crocodiles, serpents, fishes, creature all seemed thrown into dire straits. When the Ocean perceived that all its inhabitants were singeing, he presented himself in all humility before the Lord taking the form of a Brahmin, and he brought out as gift a golden receptacle filled with every kind of jewel.

दोहा-dohā:
काटेहिं पइ कदरी फरइ कोटि जतन कोउ सींच ।
kāṭehiṁ pai kadarī pharai koṭi jatana kou sīṁca,
बिनय न मान खगेस सुनु डाटेहिं पइ नव नीच ॥५८॥
binaya na māna khagesa sunu ḍāṭehiṁ pai nava nīca. 58.

Trans:
Though one may take infinite pains in watering a plantain, yet it will not bear fruit unless it is hewed. Likewise, O king of birds, [continued Kak-Bhushundi], a mean upstart heeds neither prayer nor compliment, but yields only to reprimand.

चौपाई-caupāī:
सभय सिंधु गहि पद प्रभु केरे । छमहु नाथ सब अवगुन मेरे ॥[11]
sabhaya siṁdhu gahi pada prabhu kere, chamahu nātha saba avaguna mere.

---

[11] जय सिया राम राम, जय सिया राम jaya siyā rāma rāma, jaya siyā rāma
अजर अमर गुननिधि सुत होहू । करहुँ बहुत रघुनायक छोहू ॥
ajara amara gunanidhi suta hohū, karahuṁ bahuta raghunāyaka chohū.

गगन समीर अनल जल धरनी । इन्ह कइ नाथ सहज जड़ करनी ॥[12]
gagana samīra anala jala dharanī, inha kai nātha sahaja jaṛa karanī.
तव प्रेरित मायाँ उपजाए । सृष्टि हेतु सब ग्रंथनि गाए ॥
tava prerita māyām̐ upajāe, sṛṣṭi hetu saba gramthani gāe.
प्रभु आयसु जेहि कहँ जस अहई । सो तेहि भाँति रहें सुख लहई ॥
prabhu āyasu jehi kaham̐ jasa ahaī, so tehi bhām̐ti rahem̐ sukha lahaī.
प्रभु भल कीन्ह मोहि सिख दीन्ही । मरजादा पुनि तुम्हरी कीन्ही ॥
prabhu bhala kīnha mohi sikha dīnhī, marajādā puni tumharī kīnhī.
ढोल गवाँर सूद्र पसु नारी । सकल ताड़ना के अधिकारी ॥
ḍhola gavām̐ra sūdra pasu nārī, sakala tāṛanā ke adhikārī.
प्रभु प्रताप मैं जाब सुखाई । उतरिहि कटकु न मोरि बड़ाई ॥
prabhu pratāpa maim̐ jāba sukhāī, utarihi kaṭaku na mori baṛāī.
प्रभु अग्या अपेल श्रुति गाई । करौं सो बेगि जो तुम्हहि सोहाई ॥
prabhu agyā apela śruti gāī, karaum̐ so begi jo tumhahi sohāī.

Trans:
The terrified ocean clasped the Lord's feet, pleading: "Pardon, O Lord, all my offences. The ether, air, fire, water, and earth are naturally dull and slow to change. It is your Māyā which has spun everything out—to lend visibility to your Creation—as all the scriptures declare; and like each has been ordained by the Lord's Will, likewise it must act out—to retain its well-being. My lord has done well in giving me this lesson—but still it was you who first fixed my natural bounds. A drum, a rustic, a workman, a beastly woman—all these deserve instructions. No doubt, by the Lord's might I shall be dried up and the army will cross over, but that will bring little glory to me. Thy command is inviolable—so declare the Vedas; hence I shall immediately do whatever pleases Thee."

दोहा-dohā:

सुनत बिनीत बचन अति कह कृपाल मुसुकाइ ।
sunata binīta bacana ati kaha kṛpāla musukāi,
जेहि बिधि उतरै कपि कटकु तात सो कहहु उपाइ ॥५९॥
jehi bidhi utarai kapi kaṭaku tāta so kahahu upāi. 59.

Trans:
Upon hearing his exceedingly humble speech, the All-merciful smiled and spoke, "Tell me dear of some device whereby these monkeys may cross over to the other side."

चौपाई-caupāī:
नाथ नील नल कपि द्वौ भाई । लरिकाईं रिषि आसिष पाई ॥[13]

---

[12] जय जय सीताराम, जय जय सीताराम jaya jaya sītārāma, jaya jaya sītārāma

[13] राम सियाराम सियाराम जय जय राम राम, राम सियाराम सियाराम जय जय राम. rāma siyārāma siyārāma jaya jaya rāma rāma, rāma siyārāma siyārāma jaya jaya rāma.
मंगल भवन अमंगल हारी । द्रवउ सो दसरथ अजिर बिहारी ॥
mamgala bhavana amamgala hārī, dravau so dasaratha ajira bihārī.

nātha nīla nala kapi dvau bhāī, larikāiṁ riṣi āsiṣa pāī.

तिन्ह कें परस किएँ गिरि भारे । तरिहहिं जलधि प्रताप तुम्हारे ॥
tinha keṁ parasa kieṁ giri bhāre, tarihahiṁ jaladhi pratāpa tumhāre.

मैं पुनि उर धरि प्रभु प्रभुताई । करिहउँ बल अनुमान सहाई ॥
maiṁ puni ura dhari prabhu prabhutāī, karihauṁ bala anumāna sahāī.

एहि बिधि नाथ पयोधि बँधाइअ । जेहिं यह सुजसु लोक तिहुँ गाइअ ॥
ehi bidhi nātha payodhi baṁdhāia, jehiṁ yaha sujasu loka tihuṁ gāia.

एहिं सर मम उत्तर तट बासी । हतहु नाथ खल नर अघ रासी ॥
ehiṁ sara mama uttara taṭa bāsī, hatahu nātha khala nara agha rāsī.

सुनि कृपाल सागर मन पीरा । तुरतहिं हरी राम रनधीरा ॥
suni kṛpāla sāgara mana pīrā, turatahiṁ harī rāma ranadhīrā.

देखि राम बल पौरुष भारी । हरषि पयोनिधि भयउ सुखारी ॥
dekhi rāma bala pauruṣa bhārī, haraṣi payonidhi bhayau sukhārī.

सकल चरित कहि प्रभुहि सुनावा । चरन बंदि पाथोधि सिधावा ॥
sakala carita kahi prabhuhi sunāvā, carana baṁdi pāthodhi sidhāvā.

Trans:
"My lord, there are two monkey brothers, Nīla and Nala, who as children were blessed by a sage and as a result even the mightiest rocks touched by them will float upon water—by dint of your grace. And cherishing my Lord's greatness in the heart, I too shall assist to the best of my ability. In this manner, O Lord, have the ocean bridged, so that this glorious deed of yours may be sung in all the three spheres of Creation for all times. Since your arrow is already drawn, let it fly to slay the vile criminals dwelling on my northern shore." On hearing that Shrī Rāma, who is as tender-hearted as he is staunch in battle, at once discharged the arrow to relieve the agony of the Ocean's heart; and at the sight of his outstanding valor and might the Ocean rejoiced and became easy of mind; and after recounting to the Lord of all that had transpired took his permission to leave, bowing to the feet of the Lord.

छंद-chaṁda

निज भवन गवनेउ सिंधु श्रीरघुपतिहि यह मत भायउ ।
nija bhavana gavaneu siṁdhu śrīraghupatihi yaha mata bhāyaū,

यह चरित कलि मलहर जथामति दास तुलसी गायऊ ॥
yaha carita kali malahara jathāmati dāsa tulasī gāyaū.

सुख भवन संसय समन दवन बिषाद रघुपति गुन गना ।
sukha bhavana saṁsaya samana davana biṣāda raghupati guna ganā,

तजि सकल आस भरोस गावहि सुनहि संतत सठ मना ॥
taji sakala āsa bharosa gāvahi sunahi saṁtata saṭha manā.

Trans:
With his counsel having met the approval of the Lord, the Ocean returned to his elements. This episode of Shrī Rāma, which wipes out all impurities of this Kali-Yuga, was sung to the best of his ability by Tulsīdās. The excellencies of Raghupati are treasures of delight, a panacea for all doubts, and the very

अजर अमर गुननिधि सुत होहू । करहुँ बहुत रघुनायक छोहू ॥
ajara amara gunanidhi suta hohū, karahuṁ bahuta raghunāyaka chohū.

unfailing remedies for sorrows. O mind, give up every other hope and faith, and ever sing and hear the glories of the Lord-God Shrī Rāma.

dohā-dohā:

सकल सुमंगल दायक रघुनायक गुन गान ।
sakala sumaṁgala dāyaka raghunāyaka guna gāna,
सादर सुनहिं ते तरहिं भव सिंधु बिना जलजान ॥६०॥
sādara sunahiṁ te tarahiṁ bhava siṁdhu binā jalajāna. 60.

Trans:

A recital of the virtues of Shrī Rāma, Lord of Raghus, is the perennial fount of every blessing; and they who reverently hear them, cross this ocean of worldly existence without a need of any other bark.

इति श्रीमद्रामचरितमानसे सकलकलिकलुषविध्वंसने
iti śrīmadrāmacaritamānase sakalakalikaluṣavidhvaṁsane
पञ्चमः सोपानः सुन्दरकाण्ड
pañcamaḥ sopānaḥ sundarakāṇḍa
श्रीरामचरणार्पणमस्तु
śrī rāma caraṇāarpaṇamastu

Sundarakāṇḍa,
the Fifth-Ascent into the Mānasa Lake of Shrī Rāma's Charita,
which eradicates all the impurities of the Kali-Yuga,
is hereby dedicated to the Lotus Feet of
Lord God Shrī Rāma.

कायेन वाचा मनसेन्द्रियैर्वा
kāyena vācā manasendriyairvā
बुद्ध्यात्मना वा प्रकृतेः स्वभावात् ।
buddhyātmanā vā prakṛteḥ svabhāvāt,
करोमि यद्यत्सकलं परस्मै
karomi yadyatsakalaṁ parasmai
नारायणयेति समर्पयामि ॥
nārāyaṇayeti samarpayāmi.

Whatever it is I do – through body, mind,
speech, or sense-organs, or with my intellect
and soul, or with my innate natural tendencies,
whatever it be:
I offer it all to Narayana.

मंगल भवन अमंगल हारी । द्रवउ सो दसरथ अजिर बिहारी ॥
maṁgala bhavana amaṁgala hārī, dravau so dasaratha ajira bihārī.

श्रीजानकीवल्लभो विजयते
śrījānakīvallabho vijayate

श्रीरामचरितमानस
śrīrāmacaritamānasa
चतुर्थ सोपान - किष्किन्धाकाण्ड
caturtha sopāna - kiṣkindhākāṇḍa

श्लोक-śloka:

कुन्देन्दीवरसुन्दरावतिबलौ विज्ञानधामावुभौ
शोभाढ्यौ वरधन्विनौ श्रुतिनुतौ गोविप्रवृन्दप्रियौ,
मायामानुषरूपिणौ रघुवरौ सद्धर्ममर्मौ हितौ
सीतान्वेषणतत्परौ पथिगतौ भक्तिप्रदौ तौ हि नः. १.

ब्रह्माम्भोधिसमुद्भवं कलिमलप्रध्वंसनं चाव्ययं
श्रीमच्छम्भुमुखेन्दुसुन्दरवरे संशोभितं सर्वदा,
संसारामयभेषजं सुखकरं श्रीजानकीजीवनं
धन्यास्ते कृतिनः पिबन्ति सततं श्रीरामनामामृतम्. २.

सोरठा-sorathā:

मुक्ति जन्म महि जानि ग्यान खानि अघ हानि कर,
जहँ बस संभु भवानि सो कासी सेइअ कस न.
जरत सकल सुर बृंद बिषम गरल जेहि पान किय,
तेहि न भजसि मन मंद को कृपाल संकर सरिस.

चौपाई-caupai:

आगें चले बहुरि रघुराया, रिष्यमूक पर्बत निअराया.
तहँ रह सचिव सहित सुग्रीवा, आवत देखि अतुल बल सींवा.
अति सभीत कह सुनु हनुमाना, पुरुष जुगल बल रूप निधाना.
धरि बटु रूप देखु तैं जाई, कहेसु जानि जियँ सयन बुझाई.
पठए बालि होहिं मन मैला, भागौं तुरत तजौं यह सैला.
बिप्र रूप धरि कपि तहँ गयऊ, माथ नाइ पूछत अस भयऊ.
को तुम्ह स्यामल गौर सरीरा, छत्री रूप फिरहु बन बीरा.
कठिन भूमि कोमल पद गामी, कवन हेतु बिचरहु बन स्वामी.
मृदुल मनोहर सुंदर गाता, सहत दुसह बन आतप बाता.
की तुम्ह तीनि देव महँ कोऊ, नर नारायन की तुम्ह दोऊ.

दोहा-doha:

जग कारन तारन भव भंजन धरनी भार,
की तुम्ह अखिल भुवन पति लीन्ह मनुज अवतार. १.

चौपाई-caupai:

कोसलेस दसरथ के जाए, हम पितु बचन मानि बन आए.

नाम राम लछिमन दोउ भाई, संग नारि सुकुमारि सुहाई.
इहाँ हरि निसिचर बैदेही, बिप्र फिरहिं हम खोजत तेही.
आपन चरित कहा हम गाई, कहहु बिप्र निज कथा बुझाई.
प्रभु पहिचानि परेउ गहि चरना, सो सुख उमा जाइ नहिं बरना.
पुलकित तन मुख आव न बचना, देखत रुचिर बेष कै रचना.
पुनि धीरजु धरि अस्तुति कीन्ही, हरष हृदयँ निज नाथहि चीन्ही.
मोर न्याउ मैं पूछा साईं, तुम्ह पूछहु कस नर की नाईं.
तव माया बस फिरेउँ भुलाना, ता ते मैं नहिं प्रभु पहिचाना.

दोहा-doha:

एकु मैं मंद मोहबस कुटिल हृदय अग्यान,
पुनि प्रभु मोहि बिसारेउ दीनबंधु भगवान. २.

चौपाई-caupai:

जदपि नाथ बहु अवगुन मोरें, सेवक प्रभुहि परै जनि भोरें.
नाथ जीव तव मायाँ मोहा, सो निस्तरइ तुम्हारेहिं छोहा.
ता पर मैं रघुबीर दोहाई, जान्उँ नहिं कछु भजन उपाई.
सेवक सुत पति मातु भरोसें, रहइ असोच बनइ प्रभु पोसें.
अस कहि परेउ चरन अकुलाई, निज तनु प्रगटि प्रीति उर छाई.
तब रघुपति उठाइ उर लावा, निज लोचन जल सींचि जुड़ावा.
सुनु कपि जियँ मानसि जनि ऊना, तैं मम प्रिय लछिमन ते दूना.
समदरसी मोहि कह सब कोऊ, सेवक प्रिय अनन्यगति सोऊ.

दोहा-doha:

सो अनन्य जाकें असि मति न टरइ हनुमंत,
मैं सेवक सचराचर रूप स्वामि भगवंत. ३.

चौपाई-caupai:

देखि पवनसुत पति अनुकूला, हृदयँ हरष बीती सब सूला.
नाथ सैल पर कपिपति रहई, सो सुग्रीव दास तव अहई.
तेहि सन नाथ मयत्री कीजे, दीन जानि तेहि अभय करीजे.
सो सीता कर खोज कराइहि, जहँ तहँ मरकट कोटि पठाइहि.
एहि बिधि सकल कथा समुझाई, लिए दुऔ जन पीठि चढ़ाई.
जब सुग्रीवँ राम कहुँ देखा, अतिसय जन्म धन्य करि लेखा.
सादर मिलेउ नाइ पद माथा, भेंटेउ अनुज सहित रघुनाथा.

कपि कर मन बिचार एहि रीती, करिहहिं बिधि मो सन ए प्रीती.

दोहा-doha:
तब हनुमंत उभय दिसि की सब कथा सुनाई,
पावक साखी देइ करि जोरी प्रीति दृढ़ाइ.४.

चौपाई-caupāī:
कीन्हि प्रीति कछु बीच न राखा, लछिमन राम चरित सब भाषा.
कह सुग्रीव नयन भरि बारी, मिलिहि नाथ मिथिलेसकुमारी.
मंत्रिन्ह सहित इहाँ एक बारा, बैठ रहेउँ मैं करत बिचारा.
गगन पंथ देखी मैं जाता, परबस परी बहुत बिलपाता.
राम राम हा राम पुकारी, हमहि देखि दीन्हेउ पट डारी.
मागा राम तुरत तेहिं दीन्हा, पट उर लाइ सोच अति कीन्हा.
कह सुग्रीव सुनहु रघुबीरा, तजहु सोच मन आनहु धीरा.
सब प्रकार करिहउँ सेवकाई, जेहि बिधि मिलिहि जानकी आई.

दोहा-doha:
सखा बचन सुनि हरषे कृपासिंधु बलसींव,
कारन कवन बसहु बन मोहि कहहु सुग्रीव.५.

चौपाई-caupāī:
नाथ बालि अरु मैं द्वौ भाई, प्रीति रही कछु बरनि न जाई.
मय सुत मायावी तेहि नाऊँ, आवा सो प्रभु हमरें गाऊँ.
अर्ध राति पुर द्वार पुकारा, बाली रिपु बल सहै न पारा.
धावा बालि देखि सो भागा, मैं पुनि गयेउँ बंधु सँग लागा.
गिरिबर गुहाँ पैठ सो जाई, तब बाली मोहि कहा बुझाई.
परिखेसु मोहि एक पखवारा, नहिं आवौं तब जानेसु मारा.
मास दिवस तहँ रहेउँ खरारी, निसरी रुधिर धार तहँ भारी.
बाली हतेसि मोहि मारिहि आई, सिला देइ तहँ चलेउँ पराई.
मंत्रिन्ह पुर देखा बिनु साईं, दीन्हेउ मोहि राज बरिआईं.
बालि ताहि मारि गृह आवा, देखि मोहि जियँ भेद बढ़ावा.
रिपु सम मोहि मारेसि अति भारी, हरि लीन्हेसि सर्बसु अरु नारी.
ताकें भय रघुबीर कृपाला, सकल भुवन मैं फिरेउँ बिहाला.
इहाँ साप बस आवत नाहीं, तदपि सभीत रहेउँ मन माहीं.
सुनि सेवक दुख दीनदयाला, फरकि उठीं द्वै भुजा बिसाला.

दोहा-doha:
सुनु सुग्रीव मारिहउँ बालिहि एकहिं बान,
ब्रह्म रुद्र सरनागत गएँ न उबरिहिं प्रान.६.

चौपाई-caupāī:
जे न मित्र दुख होहिं दुखारी, तिन्हहि बिलोकत पातक भारी.
निज दुख गिरि सम रज करि जाना, मित्रक दुख रज मेरु समाना.
जिन्ह कें असि मति सहज न आई, ते सठ कत हठि करत मिताई.
कुपथ निवारि सुपथ चलावा, गुन प्रगटै अवगुनन्हि दुरावा.
देत लेत मन संक न धरई, बल अनुमान सदा हित करई.
बिपति काल कर सतगुन नेहा, श्रुति कह संत मित्र गुन एहा.
आगें कह मृदु बचन बनाई, पाछें अनहित मन कुटिलाई.
जा कर चित अहि गति सम भाई, अस कुमित्र परिहरेहि भलाई.
सेवक सठ नृप कृपन कुनारी, कपटी मित्र सूल सम चारी.

सखा सोच त्यागहु बल मोरें, सब बिधि घटब काज मैं तोरें.
कह सुग्रीव सुनहु रघुबीरा, बालि महाबल अति रनधीरा.
दुंदुभि अस्थि ताल देखराए, बिनु प्रयास रघुनाथ ढहाए.
देखि अमित बल बाढ़ी प्रीती, बालि बधब इन्ह भइ परतीती.
बार बार नावइ पद सीसा, प्रभुहि जानि मन हरष कपीसा.
उपजा ग्यान बचन तब बोला, नाथ कृपाँ मन भयउ अलोला.
सुख संपति परिवार बड़ाई, सब परिहरि करिहउँ सेवकाई.
ए सब राम भगति के बाधक, कहहिं संत तव पद अवराधक.
सत्रु मित्र सुख दुख जग माहीं, माया कृत परमारथ नाहीं.
बालि परम हित जासु प्रसादा, मिलेहु राम तुम्ह समन बिषादा.
सपनें जेहि सन होइ लराई, जागें समुझत मन सकुचाई.
अब प्रभु कृपा करहु एहि भाँती, सब तजि भजनु करौं दिन राती.
सुनि बिराग संजुत कपि बानी, बोले बिहँसि रामु धनुपानी.
जो कछु कहेहु सत्य सब सोई, सखा बचन मम मृषा न होई.
नट मरकट इव सबहि नचावत, रामु खगेस बेद अस गावत.
लै सुग्रीव संग रघुनाथा, चले चाप सायक गहि हाथा.
तब रघुपति सुग्रीव पठावा, गर्जेसि जाइ निकट बल पावा.
सुनत बालि क्रोधातुर धावा, गहि कर चरन नारि समुझावा.
सुनु पति जिन्हहि मिलेउ सुग्रीवा, ते द्वौ बंधु तेज बल सींवा.
कोसलेस सुत लछिमन रामा, कालहु जीति सकहिं संग्रामा.

दोहा-doha:
कह बाली सुनु भीरु प्रिय समदरसी रघुनाथ,
जौं कदाचि मोहि मारहिं तौ पुनि होउँ सनाथ.७.

चौपाई-caupāī:
अस कहि चला महा अभिमानी, तृन समान सुग्रीवहि जानी.
भिरे उभौ बाली अति तर्जा, मुठिका मारि महाधुनि गर्जा.
तब सुग्रीव बिकल होइ भागा, मुष्टि प्रहार बज्र सम लागा.
मैं जो कहा रघुबीर कृपाला, बंधु न होइ मोर यह काला.
एकरूप तुम्ह भ्राता दोऊ, तेहि भ्रम तें नहिं मारेउँ सोऊ.
कर परसा सुग्रीव सरीरा, तनु भा कुलिस गई सब पीरा.
मेली कंठ सुमन कै माला, पठवा पुनि बल देइ बिसाला.
पुनि नाना बिधि भई लराई, बिटप ओट देखहिं रघुराई.

दोहा-doha:
बहु छल बल सुग्रीव कर हियँ हारा भय मानि,
मारा बालि राम तब हृदय माझ सर तानि.८.

चौपाई-caupāī:
परा बिकल महि सर के लागें, पुनि उठि बैठ देखि प्रभु आगें.
स्याम गात सिर जटा बनाएँ, अरुन नयन सर चाप चढ़ाएँ.
पुनि पुनि चितइ चरन चित दीन्हा, सुफल जन्म माना प्रभु चीन्हा.
हृदयँ प्रीति मुख बचन कठोरा, बोला चितइ राम की ओरा.
धर्म हेतु अवतरेहु गोसाईं, मारेहु मोहि ब्याध की नाईं.
मैं बैरी सुग्रीव पिआरा, अवगुन कवन नाथ मोहि मारा.
अनुज बधू भगिनी सुत नारी, सुनु सठ कन्या सम ए चारी.

इन्हहि कुदृष्टि बिलोकइ जोई, ताहि बधें कछु पाप न होई।
मूढ़ तोहि अतिसय अभिमाना, नारि सिखावन करसि न काना।
मम भुज बल आश्रित तेहि जानी, मारा चहसि अधम अभिमानी।

दोहा-doha
सुनहु राम स्वामी सन छल न चातुरी मोरी,
प्रभु अजहूँ मैं पापी अंतकाल गति तोरी.९.

चौपाई-caupāī
सुनत राम अति कोमल बानी, बालि सीस परसेउ निज पानी।
अचल करौं तनु राखहु प्राना, बालि कहा सुनु कृपानिधाना।
जन्म जन्म मुनि जतनु कराहीं, अंत राम कहि आवत नाहीं।
जासु नाम बल संकर कासी, देत सबहि सम गति अबिनासी।
मम लोचन गोचर सोइ आवा, बहुरि कि प्रभु अस बनिहि बनावा।

छन्द-chanda
सो नयन गोचर जासु गुन नित नेति कहि श्रुति गावहीं,
जिति पवन मन गो निरस करि मुनि ध्यान कबहुँक पावहीं।
मोहि जानि अति अभिमान बस प्रभु कहेउ राखु सरीरही,
अस कवन सठ हठि काटि सुरतरु बारि करिहि बबूरही.१.

अब नाथ करि करुना बिलोकहु देहु जो बर माँगउँ,
जेहिं जोनि जन्मौं कर्म बस तहँ राम पद अनुरागउँ।
यह तनय मम सम बिनय बल कल्यानप्रद प्रभु लीजिऐ,
गहि बाँह सुर नर नाह आपन दास अंगद कीजिऐ.२.

दोहा-doha
राम चरन दृढ़ प्रीति करि बालि कीन्ह तनु त्याग,
सुमन माल जिमि कंठ ते गिरत न जानइ नाग.१०.

चौपाई-caupāī
राम बालि निज धाम पठावा, नगर लोग सब ब्याकुल धावा।
नाना बिधि बिलाप कर तारा, छूटे केस न देह सँभारा।
तारा बिकल देखि रघुराया, दीन्ह ग्यान हरि लीन्ही माया।
छिति जल पावक गगन समीरा, पंच रचित अति अधम सरीरा।
प्रगट सो तनु तव आगें सोवा, जीव नित्य केहि लगि तुम्ह रोवा।
उपजा ग्यान चरन तब लागी, लीन्हेसि परम भगति बर माँगी।
उमा दारु जोषित की नाईं, सबहि नचावत रामु गोसाईं।
तब सुग्रीवहि आयसु दीन्हा, मृतक कर्म बिधिवत सब कीन्हा।
राम कहा अनुजहि समुझाई, राज देहु सुग्रीवहि जाई।
रघुपति चरन नाइ करि माथा, चले सकल प्रेरित रघुनाथा।

दोहा-doha
लछिमन तुरत बोलाए पुरजन बिप्र समाज,
राजु दीन्ह सुग्रीव कहँ अंगद कहँ जुबराज.११.

चौपाई-caupāī
उमा राम सम हित जग माहीं, गुरु पितु मातु बंधु प्रभु नाहीं।
सुर नर मुनि सब कै यह रीती, स्वारथ लागि करहिं सब प्रीती।
बालि त्रास ब्याकुल दिन राती, तन बहु ब्रन चिंताँ जर छाती।
सोइ सुग्रीव कीन्ह कपिराऊ, अति कृपाल रघुबीर सुभाऊ।
जानतहूँ अस प्रभु परिहरहीं, काहे न बिपति जाल नर परहीं।
पुनि सुग्रीवहि लीन्ह बोलाई, बहु प्रकार नृपनीति सिखाई।
कह प्रभु सुनु सुग्रीव हरीसा, पुर न जाउँ दस चारि बरीसा।
गत ग्रीषम बरषा रितु आई, रहिहउँ निकट सैल पर छाई।
अंगद सहित करहु तुम्ह राजू, संतत हृदयँ धरेहु मम काजू।
जब सुग्रीव भवन फिरि आए, रामु प्रबरषन गिरि पर छाए।

दोहा-doha
प्रथमहिं देवन्ह गिरि गुहा राखेउ रुचिर बनाइ,
राम कृपानिधि कछु दिन बास करहिंगे आइ.१२.

चौपाई-caupāī
सुंदर बन कुसुमित अति सोभा, गुंजत मधुप निकर मधु लोभा।
कंद मूल फल पत्र सुहाए, भए बहुत जब ते प्रभु आए।
देखि मनोहर सैल अनूपा, रहे तहँ अनुज सहित सुरभूपा।
मधुकर खग मृग तनु धरि देवा, करहिं सिद्ध मुनि प्रभु कै सेवा।
मंगलरुप भयउ बन तब ते, कीन्ह निवास रमापति जब ते।
फटिक सिला अति सुभ्र सुहाई, सुख आसीन तहाँ द्वौ भाई।
कहत अनुज सन कथा अनेका, भगति बिरति नृपनीति बिबेका।
बरषा काल मेघ नभ छाए, गरजत लागत परम सुहाए।

दोहा-doha
लछिमन देखु मोर गन नाचत बारिद पेखि,
गृही बिरति रत हरष जस बिष्नु भगत कहुँ देखि.१३.

चौपाई-caupāī
घन घमंड नभ गरजत घोरा, प्रिया हीन डरपत मन मोरा।
दामिनि दमक रह न घन माहीं, खल कै प्रीति जथा थिर नाहीं।
बरषहिं जलद भूमि निअराएँ, जथा नवहिं बुध बिद्या पाएँ।
बूँद अघात सहहिं गिरि कैसें, खल के बचन संत सह जैसें।
छुद्र नदीं भरि चलीं तोराई, जस थोरेहुँ धन खल इतराई।
भूमि परत भा ढाबर पानी, जनु जीवहि माया लपटानी।
समिटि समिटि जल भरहिं तलावा, जिमि सदगुन सज्जन पहिं आवा।
सरिता जल जलनिधि महुँ जाई, होइ अचल जिमि जिव हरि पाई।

दोहा-doha
हरित भूमि तृन संकुल समुझि परहिं नहिं पंथ,
जिमि पाखंड बाद तें गुप्त होहिं सद्ग्रंथ.१४.

चौपाई-caupāī
दादुर धुनि चहु दिसा सुहाई, बेद पढ़हिं जनु बटु समुदाई।
नव पल्लव भए बिटप अनेका, साधक मन जस मिलें बिबेका।
अर्क जवास पात बिनु भयउ, जस सुराज खल उद्यम गयउ।
खोजत कतहुँ मिलइ नहिं धूरी, करइ क्रोध जिमि धरमहि दूरी।
ससि संपन्न सोह महि कैसी, उपकारी कै संपति जैसी।
निसि तम घन खद्योत बिराजा, जनु दंभिन्ह कर मिला समाजा।
महाबृष्टि चलि फूटि किआरी, जिमि सुतंत्र भएँ बिगरहिं नारी।
कृषी निरावहिं चतुर किसाना, जिमि बुध तजहिं मोह मद माना।
देखिअत चक्रबाक खग नाहीं, कलिहिं पाइ जिमि धर्म पराहीं।
ऊसर बरषइ तृन नहिं जामा, जिमि हरिजन हियँ उपज न कामा।

अजर अमर गुननिधि सुत होहू। करहु बहुत रघुनायक छोहू॥
ajara amara gunanidhi suta hohū, karahuṁ bahuta raghunāyaka chohū.

बिबिध जंतु संकुल महि भ्राजा, प्रजा बाढ़ जिमि पाइ सुराजा.
जहँ तहँ रहे पथिक थकि नाना, जिमि इंद्रिय गन उपजें ग्याना.

दोहा-dohā:
कबहुँ प्रबल बह मारुत जहँ तहँ मेघ बिलाहिं,
जिमि कपूत के उपजें कुल सद्धर्म नसाहिं.१५क.
कबहुँ दिवस महँ निबिड़ तम कबहुँक प्रगट पतंग,
बिनसइ उपजइ ग्यान जिमि पाइ कुसंग सुसंग.१५ख.

चौपाई-caupāī:
बरषा बिगत सरद रितु आई, लछिमन देखहु परम सुहाई.
फूलें कास सकल महि छाई, जनु बरषाँ कृत प्रगट बुढ़ाई.
उदित अगस्ति पंथ जल सोषा, जिमि लोभहि सोषइ संतोषा.
सरिता सर निर्मल जल सोहा, संत हृदय जस गत मद मोहा.
रस रस सूख सरित सर पानी, ममता त्याग करहिं जिमि ग्यानी.
जानि सरद रितु खंजन आए, पाइ समय जिमि सुकृत सुहाए.
पंक न रेनु सोह असि धरनी, नीति निपुन नृप कै जसि करनी.
जल संकोच बिकल भएँ मीना, अबुध कुटुंबी जिमि धनहीना.
बिनु घन निर्मल सोह अकासा, हरिजन इव परिहरि सब आसा.
कहुँ कहुँ बृष्टि सारदी थोरी, कोउ एक पाव भगति जिमि मोरी.

दोहा-dohā:
चले हरषि तजि नगर नृप तापस बनिक भिखारि,
जिमि हरि भगति पाइ श्रम तजहिं आश्रमी चारि.१६.

चौपाई-caupāī:
सुखी मीन जे नीर अगाधा, जिमि हरि सरन न एकउ बाधा.
फूलें कमल सोह सर कैसा, निर्गुन ब्रह्म सगुन भएँ जैसा.
गुंजत मधुकर मुखर अनूपा, सुंदर खग रव नाना रूपा.
चकबाक मन दुख निसि पेखी, जिमि दुर्जन पर संपति देखी.
चातक रटत तृषा अति ओही, जिमि सुख लहइ न संकरद्रोही.
सरदातप निसि ससि अपहरई, संत दरस जिमि पातक टरई.
देखि इंदु चकोर समुदाई, चितवहिं जिमि हरिजन हरि पाई.
मसक दंस बीते हिम त्रासा, जिमि द्विज द्रोह किएँ कुल नासा.

दोहा-dohā:
भूमि जीव संकुल रहे गए सरद रितु पाइ,
सदगुर मिलें जाहिं जिमि संसय भ्रम समुदाइ.१७.

चौपाई-caupāī:
बरषा गत निर्मल रितु आई, सुधि न तात सीता कै पाई.
एक बार कैसेहुँ सुधि जानौं, कालहु जीति निमिष महुँ आनौं.
कतहुँ रहउ जौं जीवति होई, तात जतन करि आनउँ सोई.
सुग्रीवहुँ सुधि मोरि बिसारी, पावा राज कोस पुर नारी.
जेहि सायक मारा मैं बाली, तेहि सर हतौं मूढ़ कहँ काली.
जासु कृपाँ छूटहिं मद मोहा, ता कहुँ उमा कि सपनेहुँ कोहा.
जानहिं यह चरित मुनि ग्यानी, जिन्ह रघुबीर चरन रति मानी.
लछिमन क्रोधवंत प्रभु जाना, धनुष चढ़ावँ गहे कर बाना.

दोहा-dohā:
तब अनुजहि समुझावा रघुपति करुना सींव,
भय देखाइ लै आवहु तात सखा सुग्रीव.१८.

चौपाई-caupāī:
इहाँ पवनसुत हृदयँ बिचारा, राम काजु सुग्रीवँ बिसारा.
निकट जाइ चरननि सिरु नावा, चारिहु बिधि तेहि कहि समुझावा.
सुनि सुग्रीवँ परम भय माना, बिषयँ मोर हरि लीन्हेउ ग्याना.
अब मारुतसुत दूत समूहा, पठवहु जहँ तहँ बानर जूहा.
कहहु पाख महुँ आव न जोई, मोरें कर ता कर बध होई.
तब हनुमंत बोलाए दूता, सब कर करि सनमान बहूता.
भय अरु प्रीति नीति देखराई, चले सकल चरननि सिर नाई.
एहि अवसर लछिमन पुर आए, क्रोध देखि जहँ तहँ कपि घाए.

दोहा-dohā:
धनुष चढ़ाइ कहा तब जारि करउँ पुर छार,
ब्याकुल नगर देखि तब आयउ बालिकुमार.१९.

चौपाई-caupāī:
चरन नाइ सिरु बिनती कीन्ही, लछिमन अभय बाँह तेहि दीन्ही.
क्रोधवंत लछिमन सुनि काना, कह कपीस अति भयँ अकुलाना.
सुनु हनुमंत संग लै तारा, करि बिनती समुझाउ कुमारा.
तारा सहित जाइ हनुमाना, चरन बंदि प्रभु सुजस बखाना.
करि बिनती मंदिर लै आए, चरन पखारि पलँग बैठाए.
तब कपीस चरननि सिरु नावा, गहि भुज लछिमन कंठ लगावा.
नाथ बिषय सम मद कछु नाहीं, मुनि मन मोह करइ छन माहीं.
सुनत बिनीत बचन सुख पावा, लछिमन तेहि बहु बिधि समुझावा.
पवन तनय सब कथा सुनाई, जेहि बिधि गए दूत समुदाई.

दोहा-dohā:
हरषि चले सुग्रीव तब अंगदादि कपि साथ,
रामानुज आगें करि आए जहँ रघुनाथ.२०.

चौपाई-caupāī:
नाइ चरन सिरु कह कर जोरी, नाथ मोहि कछु नाहिन खोरी.
अतिसय प्रबल देव तव माया, छूटइ राम करहु जौं दाया.
बिषय बस्य सुर नर मुनि स्वामी, मैं पावँर पसु कपि अति कामी.
नारि नयन सर जाहि न लागा, घोर क्रोध तम निसि जो जागा.
लोभ पाँस जेहि गर न बँधाया, सो नर तुम्ह समान रघुराया.
यह गुन साधन तें नहिं होई, तुम्हरी कृपाँ पाव कोइ कोई.
तब रघुपति बोले मुसुकाई, तुम्ह प्रिय मोहि भरत जिमि भाई.
अब सोइ जतनु करहु मन लाई, जेहि बिधि सीता कै सुधि पाई.

दोहा-dohā:
एहि बिधि होत बतकही आए बानर जूथ,
नाना बरन सकल दिसि देखिअ कीस बरूथ.२१.

चौपाई-caupāī:
बानर कटक उमा मैं देखा, सो मूरुख जो करन चह लेखा.
आइ राम पद नावहिं माथा, निरखि बदनु सब होहिं सनाथा.
अस कपि एक न सेना माहीं, राम कुसल जेहि पूछी नाहीं.
यह कछु नहिं प्रभु कइ अधिकाई, बिस्वरूप ब्यापक रघुराई.

ठाढ़े जहँ तहँ आयसु पाई, कह सुग्रीव सबहि समुझाई.
राम काजु अरु मोर निहोरा, बानर जूथ जाहु चहुँ ओरा.
जनकसुता कहुँ खोजहु जाई, मास दिवस महँ आएहु भाई.
अवधि मेटि जो बिनु सुधि पाएँ, आवइ बनिहि सो मोहि मराएँ.

दोहा-dohā

बचन सुनत सब बानर जहँ तहँ चले तुरंत,
तब सुग्रीवँ बोलाए अंगद नल हनुमंत.२२.

चौपाई-caupāī

सुनहु नील अंगद हनुमाना, जामवंत मतिधीर सुजाना.
सकल सुभट मिलि दच्छिन जाहू, सीता सुधि पूँछेहु सब काहू.
मन क्रम बचन सो जतन बिचारेहु, रामचंद्र कर काजु सँवारेहु.
भानु पीठि सेइअ उर आगी, स्वामिहि सर्ब भाव छल त्यागी.
तजि माया सेइअ परलोका, मिटिहि सकल भवसंभव सोका.
देह धरे कर यह फलु भाई, भजिअ राम सब काम बिहाई.
सोइ गुनग्य सोइ बड़भागी, जो रघुबीर चरन अनुरागी.
आयसु मागि चरन सिरु नाई, चले हरषि सुमिरत रघुराई.
पाछें पवन तनय सिरु नावा, जानि काज प्रभु निकट बोलावा.
परसा सीस सरोरुह पानी, करमुद्रिका दीन्हि जन जानी.
बहु प्रकार सीतहि समुझाएहु, कहि बल बिरह बेगि तुम्ह आएहु.
हनुमत जन्म सुफल करि माना, चलेउ हृदयँ धरि कृपानिधाना.
जद्यपि प्रभु जानत सब बाता, राजनीति राखत सुरत्राता.

दोहा-dohā

चले सकल बन खोजत सरिता सर गिरि खोह,
राम काज लयलीन मन बिसरा तन कर छोह.२३.

चौपाई-caupāī

कतहुँ होइ निसिचर सैं भेटा, प्रान लेहिं एक एक चपेटा.
बहु प्रकार गिरि कानन हेरहिं, कोउ मुनि मिलइ ताहि सब घेरहिं.
लागी तृषा अतिसय अकुलाने, मिलइ न जल घन गहन भुलाने.
मन हनुमान कीन्ह अनुमाना, मरन चहत सब बिनु जल पाना.
चढ़ि गिरि सिखर चहूँ दिसि देखा, भूमि बिबर एक कौतुक पेखा.
चक्रबाक बक हंस उड़ाहीं, बहुतक खग प्रबिसहिं तेहि माहीं.
गिरि ते उतरि पवनसुत आवा, सब कहुँ लै सोइ बिबर देखावा.
आगें कै हनुमंतहि लीन्हा, पैठे बिबर बिलंबु न कीन्हा.

दोहा-dohā

दीख जाइ उपवन बर सर बिगसित बहु कंज,
मंदिर एक रुचिर तहँ बैठि नारि तप पुंज.२४.

चौपाई-caupāī

दूरि ते ताहि सबन्हि सिर नावा, पूँछें निज बृत्तांत सुनावा.
तेहीं तब कहा करहु जल पाना, खाहु सुरस सुंदर फल नाना.
मज्जनु कीन्ह मधुर फल खाए, तासु निकट पुनि सब चलि आए.
तेहीं सब आपनि कथा सुनाई, मैं अब जाब जहाँ रघुराई.
मूदहु नयन बिबर तजि जाहू, पैहहु सीतहि जनि पछिताहू.
नयन मूदि पुनि देखहिं बीरा, ठाढ़े सकल सिंधु कें तीरा.
सो पुनि गई जहाँ रघुनाथा, जाइ कमल पद नाएसि माथा.

नाना भाँति बिनय तेहिं कीन्ही, अनपायनी भगति प्रभु दीन्ही.

दोहा-dohā

बदरीबन कहुँ सो गई प्रभु अग्या धरि सीस,
उर धरि राम चरन जुग जे बंदत अज ईस.२५.

इहाँ बिचारहिं कपि मन माहीं, बीती अवधि काजु कछु नाहीं.
सब मिलि कहहिं परस्पर बाता, बिनु सुधि लएँ करब का भ्राता.
कह अंगद लोचन भरि बारी, दुँहुँ प्रकार भइ मृत्यु हमारी.
इहाँ न सुधि सीता कै पाई, उहाँ गएँ मारिहि कपिराई.
पिता बधे पर मारत मोही, राखा राम निहोर न ओही.
पुनि पुनि अंगद कह सब पाहीं, मरन भयउ कछु संसय नाहीं.
अंगद बचन सुनत कपि बीरा, बोलि न सकहिं नयन बह नीरा.
छन एक सोच मगन होइ रहे, पुनि अस बचन कहत सब भए.
हम सीता कै सुधि लीन्हें बिना, नहिं जैहें जुबराज प्रबीना.
अस कहि लवन सिंधु तट जाई, बैठे कपि सब दर्भ डसाई.
जामवंत अंगद दुख देखी, कहिं कथा उपदेस बिसेषी.
तात राम कहुँ नर जनि मानहु, निर्गुन ब्रह्म अजित अज जानहु.
हम सब सेवक अति बड़भागी, संतत सगुन ब्रह्म अनुरागी.

दोहा-dohā

निज इच्छाँ प्रभु अवतरइ सुर महि गो द्विज लागि,
सगुन उपासक संग तहँ रहहिं मोच्छ सब त्यागि.२६.

चौपाई-caupāī

एहि बिधि कथा कहहिं बहु भाँती, गिरि कंदराँ सुनी संपाती.
बाहेर होइ देखि बहु कीसा, मोहि अहार दीन्ह जगदीसा.
आजु सबहि कहँ भच्छन करऊँ, दिन बहु चले अहार बिनु मरऊँ.
कबहुँ न मिल भरि उदर अहारा, आजु दीन्ह बिधि एकहिं बारा.
डरपे गीध बचन सुनि काना, अब भा मरन सत्य हम जाना.
कपि सब उठे गीध कहँ देखी, जामवंत मन सोच बिसेषी.
कह अंगद बिचारि मन माहीं, धन्य जटायू सम कोउ नाहीं.
राम काज कारन तनु त्यागी, हरि पुर गयउ परम बड़ भागी.
सुनि खग हरष सोक जुत बानी, आवा निकट कपिन्ह भय मानी.
तिन्हहि अभय करि पूछेसि जाई, कथा सकल तिन्ह ताहि सुनाई.
सुनि संपाति बंधु कै करनी, रघुपति महिमा बधुबिधि बरनी.

दोहा-dohā

मोहि लै जाहु सिंधुतट देउँ तिलांजलि ताहि,
बचन सहाइ करबि मैं पैहहु खोजहु जाहि.२७.

चौपाई-caupāī

अनुज किया करि सागर तीरा, कहि निज कथा सुनहु कपि बीरा.
हम द्वौ बंधु प्रथम तरुनाई, गगन गए रबि निकट उड़ाई.
तेज न सहि सक सो फिरि आवा, मैं अभिमानी रबि निअरावा.
जरे पंख अति तेज अपारा, परेउँ भूमि करि घोर चिकारा.
मुनि एक नाम चंद्रमा ओही, लागी दया देखि करि मोही.
बहु प्रकार तेहिं ग्यान सुनावा, देह जनित अभिमान छड़ावा.
त्रेताँ ब्रह्म मनुज तनु धरिही, तासु नारि निसिचर पति हरिही.

तासु खोज पठइहि प्रभु दूता, तिन्हहि मिलें तैं होब पुनीता।
जमिहिं पंख करसि जनि चिंता, तिन्हहि देखाइ देहेसु तैं सीता॥
मुनि कइ गिरा सत्य भइ आजू, सुनि मम बचन करहु प्रभु काजू।
गिरि त्रिकूट ऊपर बस लंका, तहँ रह रावन सहज असंका॥
तहँ असोक उपबन जहँ रहई, सीता बैठि सोच रत अहई॥

दोहा-doha
मैं देखेउँ तुम्ह नाहीं गीधहि दृष्टि अपार,
बूढ़ भयेउँ न त करतेउँ कछुक सहाय तुम्हार।२८॥

चौपाई-caupāī
जो नाघइ सत जोजन सागर, करइ सो राम काज मति आगर।
मोहि बिलोकि धरहु मन धीरा, राम कृपाँ कस भयउ सरीरा॥
पापिउ जा कर नाम सुमिरहीं, अति अपार भवसागर तरहीं।
तासु दूत तुम्ह तजि कदराई, राम हृदयँ धरि करहु उपाई॥
अस कहि गरुड़ गीध जब गयऊ, तिन्ह कें मन अति बिसमय भयऊ।
निज निज बल सब काहूँ भाषा, पार जाइ कर संसय राखा॥
जरठ भयेउँ अब कहइ रिछेसा, नहिं तन रहा प्रथम बल लेसा।
जबहिं त्रिबिक्रम भए खरारी, तब मैं तरुन रहेउँ बल भारी॥

ॐ श्री परमात्मने नमः
प्रनवउँ पवनकुमार खल बन पावक ग्यानघन।
जासु हृदय आगार बसहिं राम सर चाप धर॥

दोहा-doha
बलि बाँधत प्रभु बाढ़ेउ सो तनु बरनि न जाइ,
उभय घरी महँ दीन्हीं सात प्रदच्छिन धाइ।२९॥

चौपाई-caupāī
अंगद कहइ जाउँ मैं पारा, जियँ संसय कछु फिरती बारा।

जामवंत कह तुम्ह सब लायक, पठइअ किमि सब ही कर नायक।
कहइ रीछपति सुनु हनुमाना, का चुप साधि रहेहु बलवाना॥
पवन तनय बल पवन समाना, बुधि बिबेक बिग्यान निधाना।
कवन सो काज कठिन जग माहीं, जो नहिं होइ तात तुम्ह पाहीं॥
राम काज लगि तव अवतारा, सुनतहिं भयउ पर्बताकारा।
कनक बरन तन तेज बिराजा, मानहुँ अपर गिरिन्ह कर राजा॥
सिंहनाद करि बारहिं बारा, लीलहिं नाघउँ जलनिधि खारा।
सहित सहाय रावनहि मारी, आनउँ इहाँ त्रिकूट उपारी॥
जामवंत मैं पूँछउँ तोही, उचित सिखावनु दीजहु मोही।
एतना करहु तात तुम्ह जाई, सीतहि देखि कहहु सुधि आई॥
तब निज भुज बल राजिवनैना, कौतुक लागि संग कपि सेना॥

छंद-chanda
कपि सेन संग सँघारि निसिचर रामु सीतहि आनिहैं,
त्रैलोक पावन सुजसु सुर मुनि नारदादि बखानिहैं।
जो सुनत गावत कहत समुझत परम पद नर पावई,
रघुबीर पद पाथोज मधुकर दास तुलसी गावई॥

दोहा-doha
भव भेषज रघुनाथ जसु सुनहिं जे नर अरु नारी,
तिन्ह कर सकल मनोरथ सिद्ध करहिं त्रिसिरारि।३०क॥

सोरठा-soraṭhā
नीलोत्पल तन स्याम काम कोटि सोभा अधिक,
सुनिअ तासु गुन ग्राम जासु नाम अघ खग बधिक।३०ख॥

इति श्रीमद्रामचरितमानसे सकलकलिकलुषविध्वंसने चतुर्थः सोपानः समाप्तः।

मंगल भवन अमंगल हारी। द्रवउ सो दसरथ अजिर बिहारी॥
maṁgala bhavana amaṁgala hārī, dravau so dasaratha ajira bihārī.

श्रीरामचरितमानस
पञ्चम सोपान - सुन्दरकाण्ड
pañcama sopāna - sundarakāṇḍa

श्लोक:

शान्तं शाश्वतमप्रमेयमनघं निर्वाणशान्तिप्रदं
ब्रह्माशम्भुफणीन्द्रसेव्यमनिशं वेदान्तवेद्यं विभुम्।
रामाख्यं जगदीश्वरं सुरगुरुं मायामनुष्यं हरिं
वन्देऽहं करुणाकरं रघुवरं भूपालचूडामणिम्।१।

नान्या स्पृहा रघुपते हृदयेऽस्मदीये
सत्यं वदामि च भवानखिलान्तरात्मा,
भक्तिं प्रयच्छ रघुपुङ्गव निर्भरां मे
कामादिदोषरहितं कुरु मानसं च।२।

अतुलितबलधामं हेमशैलाभदेहं
दनुजवनकृशानुं ज्ञानिनामग्रगण्यम्,
सकलगुणनिधानं वानराणामधीशं
रघुपतिप्रियभक्तं वातजातं नमामि।३।

चौपाई:

जामवंत के बचन सुहाए, सुनि हनुमंत हृदय अति भाए।
तब लगि मोहि परिखेहु तुम्ह भाई, सहि दुख कंद मूल फल खाई।
जब लगि आवौं सीतहि देखी, होइहि काजु मोहि हरष बिसेषी।
यह कहि नाइ सबन्हि कहुँ माथा, चलेउ हरषि हियँ धरि रघुनाथा।
सिंधु तीर एक भूधर सुंदर, कौतुक कूदि चढेउ ता ऊपर।
बार बार रघुबीर सँभारी, तरकेउ पवनतनय बल भारी।
जेहिं गिरि चरन देइ हनुमंता, चलेउ सो गा पाताल तुरंता।
जिमि अमोघ रघुपति कर बाना, एही भाँति चलेउ हनुमाना।
जलनिधि रघुपति दूत बिचारी, तैं मैनाक होहि श्रमहारी।

दोहा:

हनूमान तेहि परसा कर पुनि कीन्ह प्रनाम,
राम काजु कीन्हें बिनु मोहि कहाँ बिश्राम।१।

चौपाई:

जात पवनसुत देवन्ह देखा, जानैं कहुँ बल बुद्धि बिसेषा।
सुरसा नाम अहिन्ह कै माता, पठइन्हि आइ कही तेहिं बाता।
आजु सुरन्ह मोहि दीन्ह अहारा, सुनत बचन कह पवनकुमारा।

राम काजु करि फिरि मैं आवौं, सीता कइ सुधि प्रभुहि सुनावौं।
तब तव बदन पैठिहउँ आई, सत्य कहउँ मोहि जान दे माई।
कवनेहुँ जतन देइ नहिं जाना, ग्रससि न मोहि कहेउ हनुमाना।
जोजन भरि तेहिं बदनु पसारा, कपि तनु कीन्ह दुगुन बिस्तारा।
सोरह जोजन मुख तेहिं ठयऊ, तुरत पवनसुत बत्तिस भयऊ।
जस जस सुरसा बदनु बढावा, तासु दून कपि रूप देखावा।
सत जोजन तेहिं आनन कीन्हा, अति लघु रूप पवनसुत लीन्हा।
बदन पइठि पुनि बाहेर आवा, मागा बिदा ताहि सिरु नावा।
मोहि सुरन्ह जेहि लागि पठावा, बुधि बल मरमु तोर मैं पावा।

दोहा:

राम काजु सबु करिहहु तुम्ह बल बुद्धि निधान,
आसिष देह गई सो हरषि चलेउ हनुमान।२।

निसिचरि एक सिंधु महुँ रहई, करि माया नभ के खग गहई।
जीव जंतु जे गगन उड़ाहीं, जल बिलोकि तिन्ह कै परिछाहीं।
गहइ छाहँ सक सो न उड़ाई, एहि बिधि सदा गगनचर खाई।
सोइ छल हनुमान कहँ कीन्हा, तासु कपटु कपि तुरतहिं चीन्हा।
ताहि मारि मारुतसुत बीरा, बारिधि पार गयउ मतिधीरा।
तहाँ जाइ देखी बन सोभा, गुंजत चंचरीक मधु लोभा।
नाना तरु फल फूल सुहाए, खग मृग बृंद देखि मन भाए।
सैल बिसाल देखि एक आगें, ता पर धाइ चढेउ भय त्यागें।
उमा न कछु कपि कै अधिकाई, प्रभु प्रताप जो कालहि खाई।
गिरि पर चढि लंका तेहिं देखी, कहि न जाइ अति दुर्ग बिसेषी।
अति उतंग जलनिधि चहु पासा, कनक कोट कर परम प्रकासा।

छंद:

कनक कोट बिचित्र मनि कृत सुंदरायतना घना,
चउहट्ट हट्ट सुबट्ट बीथीं चारु पुर बहु बिधि बना।
गज बाजि खच्चर निकर पदचर रथ बरूथन्हि को गनै,
बहुरूप निसिचर जूथ अतिबल सेन बरनत नहिं बनै।१।

बन बाग उपबन बाटिका सर कूप बापीं सोहहीं,
नर नाग सुर गंधर्ब कन्या रूप मुनि मन मोहहीं.
कहुँ माल देह बिसाल सैल समान अतिबल गर्जहीं,
नाना अखारेन्ह भिरहिं बहु बिधि एक एकन्ह तर्जहीं.२.

करि जतन भट कोटिन्ह बिकट तन नगर चहुँ दिसि रच्छहीं,
कहुँ महिष मानुषु धेनु खर अज खल निसाचर भच्छहीं.
एहि लागि तुलसीदास इन्ह की कथा कछु एक है कही,
रघुबीर सर तीरथ सरीरन्हि त्यागि गति पैहहिं सही.३.

दोहा-doha:
पुर रखवारे देखि बहु कपि मन कीन्ह बिचार,
अति लघु रूप धरौं निसि नगर करौं पइसार.३.

चौपाई-caupāī:
मसक समान रूप कपि धरी, लंकहि चलेउ सुमिरि नरहरी.
नाम लंकिनी एक निसिचरी, सो कह चलेसि मोहि निदरी.
जानेहि नहीं मरमु सठ मोरा, मोर अहार जहाँ लगि चोरा.
मुठिका एक महा कपि हनी, रुधिर बमत धरनीं ढनमनी.
पुनि संभारि उठि सो लंका, जोरि पानि कर बिनय संसका.
जब रावनहि ब्रह्म बर दीन्हा, चलत बिरंचि कहा मोहि चीन्हा.
बिकल होसि तैं कपि कें मारें, तब जानेसु निसिचर संघारे.
तात मोर अति पुन्य बहूता, देखेउँ नयन राम कर दूता.

दोहा-doha:
तात स्वर्ग अपबर्ग सुख धरिअ तुला एक अंग,
तूल न ताहि सकल मिलि जो सुख लव सतसंग.४.

चौपाई-caupāī:
प्रबिसि नगर कीजे सब काजा, हृदयँ राखि कोसलपुर राजा.
गरल सुधा रिपु करहिं मिताई, गोपद सिंधु अनल सितलाई.
गरुड़ सुमेरु रेनु सम ताही, राम कृपा करि चितवा जाही.
अति लघु रूप धरेउ हनुमाना, पैठा नगर सुमिरि भगवाना.
मंदिर मंदिर प्रति करि सोधा, देखे जहँ तहँ अगनित जोधा.
गयउ दसानन मंदिर माहीं, अति बिचित्र कहि जात सो नाहीं.
सयन किएँ देखा कपि तेही, मंदिर महुँ न दीखि बैदेही.
भवन एक पुनि दीख सुहावा, हरि मंदिर तहँ भिन्न बनावा.

दोहा-doha:
रामायुध अंकित गृह सोभा बरनि न जाइ,
नव तुलसिका बृंद तहँ देखि हरष कपिराइ.५.

चौपाई-caupāī:
लंका निसिचर निकर निवासा, इहाँ कहाँ सज्जन कर बासा.
मन महुँ तरक करैं कपि लागा, तेही समय बिभीषनु जागा.
राम राम तेहिं सुमिरन कीन्हा, हृदयँ हरष कपि सज्जन चीन्हा.
एहि सन हठि करिहउँ पहिचानी, साधु ते होइ न कारज हानी.
बिप्र रूप धरि बचन सुनाए, सुनत बिभीषन उठि तहँ आए.
करि प्रनाम पूँछी कुसलाई, बिप्र कहहु निज कथा बुझाई.
की तुम्ह हरि दासन्ह महँ कोई, मोरें हृदय प्रीति अति होई.
की तुम्ह रामु दीन अनुरागी, आयहु मोहि करन बड़भागी.

दोहा-doha:
तब हनुमंत कही सब राम कथा निज नाम,
सुनत जुगल तन पुलक मन मगन सुमिरि गुन ग्राम.६.

चौपाई-caupāī:
सुनहु पवनसुत रहनि हमारी, जिमि दसनन्हि महुँ जीभ बिचारी.
तात कबहुँ मोहि जानि अनाथा, करिहहिं कृपा भानुकुल नाथा.
तामस तनु कछु साधन नाहीं, प्रीति न पद सरोज मन माहीं.
अब मोहि भा भरोस हनुमंता, बिनु हरिकृपा मिलहिं नहिं संता.
जौं रघुबीर अनुग्रह कीन्हा, तौ तुम्ह मोहि दरसु हठि दीन्हा.
सुनहु बिभीषन प्रभु कै रीती, करहिं सदा सेवक पर प्रीती.
कहहु कवन मैं परम कुलीना, कपि चंचल सबहीं बिधि हीना.
प्रात लेइ जो नाम हमारा, तेहि दिन ताहि न मिलै अहारा.

दोहा-doha:
अस मैं अधम सखा सुनु मोहू पर रघुबीर,
कीन्ही कृपा सुमिरि गुन भरे बिलोचन नीर.७.

चौपाई-caupāī:
जानतहूँ अस स्वामि बिसारी, फिरहिं ते काहे न होहिं दुखारी.
एहि बिधि कहत राम गुन ग्रामा, पावा अनिर्बाच्य बिश्रामा.
पुनि सब कथा बिभीषन कही, जेहि बिधि जनकसुता तहँ रही.
तब हनुमंत कहा सुनु भ्राता, देखी चहउँ जानकी माता.
जुगुति बिभीषन सकल सुनाई, चलेउ पवनसुत बिदा कराई.
करि सोइ रूप गयउ पुनि तहवाँ, बन असोक सीता रह जहवाँ.
देखि मनहि महुँ कीन्ह प्रनामा, बैठेहिं बीति जात निसि जामा.
कृस तनु सीस जटा एक बेनी, जपति हृदयँ रघुपति गुन श्रेनी.

दोहा-doha:
निज पद नयन दिएँ मन राम पद कमल लीन,
परम दुखी भा पवनसुत देखि जानकी दीन.८.

चौपाई-caupāī:
तरु पल्लव महुँ रहा लुकाई, करइ बिचार करौं का भाई.
तेहि अवसर रावनु तहँ आवा, संग नारि बहु किएँ बनावा.
बहु बिधि खल सीतहि समुझावा, साम दान भय भेद देखावा.
कह रावनु सुनु सुमुखि सयानी, मंदोदरी आदि सब रानी.
तव अनुचरीं करउँ पन मोरा, एक बार बिलोकु मम ओरा.
तृन धरि ओट कहति बैदेही, सुमिरि अवधपति परम सनेही.
सुनु दसमुख खद्योत प्रकासा, कबहुँ कि नलिनी करइ बिकासा.
अस मन समुझु कहति जानकी, खल सुधि नहिं रघुबीर बान की.
सठ सूनें हरि आनेहि मोही, अधम निलज्ज लाज नहिं तोही.

दोहा-doha:
आपुहि सुनि खद्योत सम रामहि भानु समान,
परुष बचन सुनि काढ़ि असि बोला अति खिसिआन.९.

चौपाई-caupāī:
सीता तैं मम कृत अपमाना, कटिहउँ तव सिर कठिन कृपाना.
नाहिं त सपदि मानु मम बानी, सुमुखि होति न त जीवन हानी.
स्याम सरोज दाम सम सुंदर, प्रभु भुज करि कर सम दसकंधर.
सो भुज कंठ कि तव असि घोरा, सुनु सठ अस प्रवान पन मोरा.
चंद्रहास हरु मम परितापं, रघुपति बिरह अनल संजात.

मंगल भवन अमंगल हारी । द्रवउ सो दसरथ अजिर बिहारी ॥
maṁgala bhavana amaṁgala hārī, dravau so dasaratha ajira bihārī.

सीतल निसित बहसि बर धारा, कह सीता हरु मम दुख भारा।
सुनत बचन पुनि मारन धावा, मयतनयाँ कहि नीति बुझावा।
कहेसि सकल निसिचरिन्ह बोलाई, सीतहि बहु बिधि त्रासहु जाई।
मास दिवस महुँ कहा न माना, तौ मैं मारबि काढ़ि कृपाना।

दोहा-dohā:
भवन गयउ दसकंधर इहाँ पिसाचिनि बृंद,
सीतहि त्रास देखावहिं धरहिं रूप बहु मंद।१०।

चौपाई-caupāī:
त्रिजटा नाम राच्छसी एका, राम चरन रति निपुन बिबेका।
सबन्हौ बोलि सुनायसि सपना, सीतहि सेइ करहु हित अपना।
सपनें बानर लंका जारी, जातुधान सेना सब मारी।
खर आरूढ़ नगन दससीसा, मुंडित सिर खंडित भुज बीसा।
एहि बिधि सो दच्छिन दिसि जाई, लंका मनहुँ बिभीषन पाई।
नगर फिरी रघुबीर दोहाई, तब प्रभु सीता बोलि पठाई।
यह सपना मैं कहउँ पुकारी, होइहि सत्य गएँ दिन चारी।
तासु बचन सुनि ते सब डरीं, जनकसुता के चरनन्हि परीं।

दोहा-dohā:
जहँ तहँ गईं सकल तब सीता कर मन सोच,
मास दिवस बीतें मोहि मारिहि निसिचर पोच।११।

चौपाई-caupāī:
त्रिजटा सन बोली कर जोरी, मातु बिपति संगिनि तैं मोरी।
तजौं देह करु बेगि उपाई, दुसहु बिरह अब नहिं सहि जाई।
आनि काठ रचु चिता बनाई, मातु अनल पुनि देहि लगाई।
सत्य करहि मम प्रीति सयानी, सुने को श्रवन सूल सम बानी।
सुनत बचन पद गहि समुझाएसि, प्रभु प्रताप बल सुजसु सुनाएसि।
निसि न अनल मिल सुनु सुकुमारी, अस कहि सो निज भवन सिधारी।
कह सीता बिधि भा प्रतिकूला, मिलिहि न पावक मिटिहि न सूला।
देखिअत प्रगट गगन अंगारा, अवनि न आवत एकउ तारा।
पावकमय ससि स्रवत न आगी, मानहुँ मोहि जानि हत भागी।
सुनहि बिनय मम बिटप असोका, सत्य नाम करु हरु मम सोका।
नूतन किसलय अनल समाना, देहि अगिनि जनि करहि निदाना।
देखि परम बिरहाकुल सीता, सो छन कपिहि कलप सम बीता।

सोरठा-sorathā:
कपि करि हृदयँ बिचार दीन्हि मुद्रिका डारि तब,
जनु असोक अंगार दीन्ह हरषि उठि कर गहेउ।१२।

चौपाई-caupāī:
तब देखी मुद्रिका मनोहर, राम नाम अंकित अति सुंदर।
चकित चितव मुदरी पहिचानी, हरष बिषाद हृदयँ अकुलानी।
जीति को सकइ अजय रघुराई, माया तें असि रचि नहिं जाई।
सीता मन बिचार कर नाना, मधुर बचन बोलेउ हनुमाना।
रामचंद्र गुन बरनैं लागा, सुनतहिं सीता कर दुख भागा।
लागीं सुनैं श्रवन मन लाई, आदिहु तें सब कथा सुनाई।
श्रवनामृत जेहि कथा सुहाई, कही सो प्रगट होति किन भाई।
तब हनुमंत निकट चलि गयउ, फिरि बैठीं मन बिसमय भयउ।
राम दूत मैं मातु जानकी, सत्य सपथ करुनानिधान की।

यह मुद्रिका मातु मैं आनी, दीन्हि राम तुम्ह कहँ सहिदानी।
नर बानरहि संग कहु कैसें, कही कथा भइ संगति जैसें।

दोहा-dohā:
कपि के बचन सप्रेम सुनि उपजा मन बिस्वास,
जाना मन क्रम बचन यह कृपासिंधु कर दास।१३।

चौपाई-caupāī:
हरिजन जानि प्रीति अति गाढ़ी, सजल नयन पुलकावलि बाढ़ी।
बूड़त बिरह जलधि हनुमाना, भयहु तात मो कहुँ जलजाना।
अब कहु कुसल जाउँ बलिहारी, अनुज सहित सुख भवन खरारी।
कोमलचित कृपाल रघुराई, कपि केहि हेतु धरी निठुराई।
सहज बानि सेवक सुख दायक, कबहुँक सुरति करत रघुनायक।
कबहुँ नयन मम सीतल ताता, होइहहिं निरखि स्याम मृदु गाता।
बचनु न आव नयन भरे बारी, अहह नाथ हौं निपट बिसारी।
देखि परम बिरहाकुल सीता, बोला कपि मृदु बचन बिनीता।
मातु कुसल प्रभु अनुज समेता, तव दुख दुखी सुकृपा निकेता।
जनि जननी मानहु जियँ ऊना, तुम्ह ते प्रेमु राम कें दूना।

दोहा-dohā:
रघुपति कर संदेसु अब सुनु जननी धरि धीर,
अस कहि कपि गदगद भयउ भरे बिलोचन नीर।१४।

चौपाई-caupāī:
कहेउ राम बियोग तव सीता, मो कहुँ सकल भए बिपरीता।
नव तरु किसलय मनहुँ कृसानू, काल निसा सम निसि ससि भानू।
कुबलय बिपिन कुंत बन सरिसा, बारिद तपत तेल जनु बरिसा।
जे हित रहे करत तेइ पीरा, उरग स्वास सम त्रिबिध समीरा।
कहेउँ तें कछु दुख घटि होई, काहि कहौं यह जान न कोई।
तत्व प्रेम कर मम अरु तोरा, जानत प्रिया एकु मनु मोरा।
सो मनु सदा रहत तोहि पाहीं, जानु प्रीति रसु एतनेहि माहीं।
प्रभु संदेसु सुनत बैदेही, मगन प्रेम तन सुधि नहिं तेही।
कह कपि हृदय धीर धरु माता, सुमिरु राम सेवक सुखदाता।
उर आनहु रघुपति प्रभुताई, सुनि मम बचन तजहु कदराई।

दोहा-dohā:
निसिचर निकर पतंग सम रघुपति बान कृसानु,
जननी हृदयँ धीर धरु जरे निसाचर जानु।१५।

चौपाई-caupāī:
जौं रघुबीर होति सुधि पाई, करते नहिं बिलंबु रघुराई।
राम बान रबि उएँ जानकी, तम बरूथ कहँ जातुधान की।
अबहिं मातु मैं जाउँ लवाई, प्रभु आयसु नहिं राम दोहाई।
कछुक दिवस जननी धरु धीरा, कपिन्ह सहित अइहहिं रघुबीरा।
निसिचर मारि तोहि लै जैहहिं, तिहुँ पुर नारदादि जसु गैहहिं।
हैं सुत कपि सब तुम्हहि समाना, जातुधान अति भट बलवाना।
मोरें हृदय परम संदेहा, सुनि कपि प्रगट कीन्हि निज देहा।
कनक भूधराकार सरीरा, समर भयंकर अतिबल बीरा।
सीता मन भरोस तब भयऊ, पुनि लघु रूप पवनसुत लयऊ।

अजर अमर गुननिधि सुत होहू। करहुँ बहुत रघुनायक छोहू॥
ajara amara gunanidhi suta hohū, karahum bahuta raghunāyaka chohū.

दोहा-dohā:

सुनु माता साखामृग नहिं बल बुद्धि बिसाल,
प्रभु प्रताप तें गरुड़हि खाइ परम लघु ब्याल।१६।

चौपाई-caupāī:
मन संतोष सुनत कपि बानी, भगति प्रताप तेज बल सानी।
आसिष दीन्हि रामप्रिय जाना, होहु तात बल सील निधाना।
अजर अमर गुननिधि सुत होहू, करहुँ बहुत रघुनायक छोहू।
करहुँ कृपा प्रभु अस सुनि काना, निर्भर प्रेम मगन हनुमाना।
बार बार नाएसि पद सीसा, बोला बचन जोरि कर कीसा।
अब कृतकृत्य भयउँ मैं माता, आसिष तव अमोघ बिस्वाता।
सुनहु मातु मोहि अतिसय भूखा, लागि देखि सुंदर फल रूखा।
सुनु सुत करहिं बिपिन रखवारी, परम सुभट रजनीचर भारी।
तिन्ह कर भय माता मोहि नाहीं, जौं तुम्ह सुख मानहु मन माहीं।

दोहा-dohā:

देखि बुद्धि बल निपुन कपि कहेसि जानकीं जाहु,
रघुपति चरन हृदयँ धरि तात मधुर फल खाहु।१७।

चौपाई-caupāī:
चलेउ नाइ सिरु पैठेउ बागा, फल खाएसि तरु तोरैं लागा।
रहे तहाँ बहु भट रखवारे, कछु मारेसि कछु जाइ पुकारे।
नाथ एक आवा कपि भारी, तेहिं असोक बाटिका उजारी।
खाएसि फल अरु बिटप उपारे, रच्छक मर्दि मर्दि महि डारे।
सुनि रावन पठए भट नाना, तिन्हहि देखि गर्जेउ हनुमाना।
सब रजनीचर कपि संघारे, गए पुकारत कछु अधमारे।
पुनि पठयउ तेहिं अच्छकुमारा, चला संग लै सुभट अपारा।
आवत देखि बिटप गहि तर्जा, ताहि निपाति महाधुनि गर्जा।

दोहा-dohā:

कछु मारेसि कछु मर्देसि कछु मिलएसि धरि धूरि,
कछु पुनि जाइ पुकारे प्रभु मर्कट बल भूरि।१८।

चौपाई-caupāī:
सुनि सुत बध लंकेस रिसाना, पठएसि मेघनाद बलवाना।
मारसि जनि सुत बाँधेसु ताही, देखिअ कपिहि कहाँ कर आही।
चला इंद्रजित अतुलित जोधा, बंधु निधन सुनि उपजा क्रोधा।
कपि देखा दारुन भट आवा, कटकटाइ गर्जा अरु धावा।
अति बिसाल तरु एक उपारा, बिरथ कीन्ह लंकेस कुमारा।
रहे महाभट ताके संगा, गहि गहि कपि मर्दइ निज अंगा।
तिन्हहि निपाति ताहि सन बाजा, भिरे जुगल मानहुँ गजराजा।
मुठिका मारि चढ़ा तरु जाई, ताहि एक छन मुरुछा आई।
उठि बहोरि कीन्हिसि बहु माया, जीति न जाइ प्रभंजन जाया।

दोहा-dohā:

ब्रह्म अस्त्र तेहिं साँधा कपि मन कीन्ह बिचार,
जौं न ब्रह्मसर मानउँ महिमा मिटइ अपार।१९।

चौपाई-caupāī:
ब्रह्मबान कपि कहुँ तेहिं मारा, परतिहुँ बार कटकु संघारा।
तेहिं देखा कपि मुरुछित भयऊ, नागपास बाँधेसि लै गयऊ।
जासु नाम जपि सुनहु भवानी, भव बंधन काटहिं नर ग्यानी।
तासु दूत कि बंध तरु आवा, प्रभु कारज लगि कपिहिं बँधावा।
कपि बंधन सुनि निसिचर धाए, कौतुक लागि सभाँ सब आए।
दसमुख सभा दीखि कपि जाई, कहि न जाइ कछु अति प्रभुताई।
कर जोरें सुर दिसिप बिनीता, भृकुटि बिलोकत सकल सभीता।
देखि प्रताप न कपि मन संका, जिमि अहिगन महुँ गरुड़ असंका।

दोहा-dohā:

कपिहि बिलोकि दसानन बिहसा कहि दुर्बाद,
सुत बध सुरति कीन्हि पुनि उपजा हृदयँ बिषाद।२०।

चौपाई-caupāī:
कह लंकेस कवन तैं कीसा, केहिं कें बल घालेहि बन खीसा।
की धौं श्रवन सुनेहि नहिं मोही, देखउँ अति असंक सठ तोही।
मारे निसिचर केहिं अपराधा, कहु सठ तोहि न प्रान कइ बाधा।
सुनु रावन ब्रह्मांड निकाया, पाइ जासु बल बिरचति माया।
जाकें बल बिरंचि हरि ईसा, पालत सृजत हरत दससीसा।
जा बल सीस धरत सहसानन, अंडकोस समेत गिरि कानन।
धरइ जो बिबिध देह सुरत्राता, तुम्ह ते सठन्ह सिखावनु दाता।
हर कोदंड कठिन जेहिं भंजा, तेहि समेत नृप दल मद गंजा।
खर दूषन त्रिसिरा अरु बाली, बधे सकल अतुलित बलसाली।

दोहा-dohā:

जाके बल लवलेस तें जितेहु चराचर झारि,
तासु दूत मैं जा करि हरि आनेहु प्रिय नारि।२१।

चौपाई-caupāī:
जानउँ मैं तुम्हारि प्रभुताई, सहसबाहु सन परी लराई।
समर बालि सन करि जसु पावा, सुनि कपि बचन बिहसि बिहरावा।
खाएउँ फल प्रभु लागी भूँखा, कपि सुभाव तें तोरेउँ रूखा।
सब कें देह परम प्रिय स्वामी, मारहिं मोहि कुमारग गामी।
जिन्ह मोहि मारा ते मैं मारे, तेहि पर बाँधेउँ तनयँ तुम्हारे।
मोहि न कछु बाँधे कइ लाजा, कीन्ह चहउँ निज प्रभु कर काजा।
बिनती करउँ जोरि कर रावन, सुनहु मान तजि मोर सिखावन।
देखहु तुम्ह निज कुलहि बिचारी, भ्रम तजि भजहु भगत भय हारी।
जाकें डर अति काल डेराई, जो सुर असुर चराचर खाई।
तासों बयरु कबहुँ नहिं कीजै, मोरें कहें जानकी दीजै।

दोहा-dohā:

प्रनतपाल रघुनायक करुना सिंधु खरारि,
गएँ सरन प्रभु राखिहैं तव अपराध बिसारि।२२।

चौपाई-caupāī:
राम चरन पंकज उर धरहू, लंका अचल राजु तुम्ह करहू।
रिषि पुलस्ति जसु बिमल मयंका, तेहि ससि महुँ जनि होहु कलंका।
राम नाम बिनु गिरा न सोहा, देखु बिचारि त्यागि मद मोहा।
बसन हीन नहिं सोह सुरारी, सब भूषन भूषित बर नारी।
राम बिमुख संपति प्रभुताई, जाइ रही पाई बिनु पाई।
सजल मूल जिन्ह सरितन्ह नाहीं, बरषि गए पुनि तबहिं सुखाहीं।
सुनु दसकंठ कहउँ पन रोपी, बिमुख राम त्राता नहिं कोपी।
संकर सहस बिष्नु अज तोही, सकहिं न राखि राम कर द्रोही।

रामचरितमानस — सुन्दरकाण्ड

दोहा-dohā:

मोहमूल बहु सूल प्रद त्यागहु तम अभिमान,
भजहु राम रघुनायक कृपा सिंधु भगवान.२३.

चौपाई-caupāī:

जद्यपि कही कपि अति हित बानी, भगति बिबेक बिरति नय सानी.
बोला बिहसि महा अभिमानी, मिला हमहि कपि गुर बड़ ग्यानी.
मृत्यु निकट आई खल तोही, लागेसि अधम सिखावन मोही.
उलटा होइहि कह हनुमाना, मतिभ्रम तोर प्रगट मैं जाना.
सुनि कपि बचन बहुत खिसिआना, बेगि न हरहु मूढ़ कर प्राना.
सुनत निसाचर मारन धाए, सचिवन्ह सहित बिभीषनु आए.
नाइ सीस करि बिनय बहूता, नीति बिरोध न मारिअ दूता.
आन दंड कछु करिअ गोसाँईं, सबहीं कहा मंत्र भल भाई.
सुनत बिहसि बोला दसकंधर, अंग भंग करि पठइअ बंदर.

दोहा-dohā:

कपि कें ममता पूँछ पर सबहि कहउँ समुझाइ,
तेल बोरि पट बाँधि पुनि पावक देहु लगाइ.२४.

चौपाई-caupāī:

पूँछहीन बानर तहँ जाइहि, तब सठ निज नाथहि लइ आइहि.
जिन्ह कै कीन्हिसि बहुत बड़ाई, देखउँ मैं तिन्ह कै प्रभुताई.
बचन सुनत कपि मन मुसुकाना, भइ सहाय सारद मैं जाना.
जातुधान सुनि रावन बचना, लागे रचैं मूढ़ सोइ रचना.
रहा न नगर बसन घृत तेला, बाढ़ी पूँछ कीन्ह कपि खेला.
कौतुक कहँ आए पुरबासी, मारहिं चरन करहिं बहु हाँसी.
बाजहिं ढोल देहिं सब तारी, नगर फेरि पुनि पूँछ प्रजारी.
पावक जरत देखि हनुमंता, भयउ परम लघुरूप तुरंता.
निबुकि चढ़ेउ कपि कनक अटारी, भईं सभीत निसाचर नारी.

दोहा-dohā:

हरि प्रेरित तेहि अवसर चले मरुत उनचास,
अट्टहास करि गर्जा कपि बढ़ि लाग अकास.२५.

चौपाई-caupāī:

देह बिसाल परम हरुआई, मंदिर तें मंदिर चढ़ धाई.
जरइ नगर भा लोग बिहाला, झपट लपट बहु कोटि कराला.
तात मातु हा सुनिअ पुकारा, एहि अवसर को हमहि उबारा.
हम जो कहा यह कपि नहिं होई, बानर रूप धरें सुर कोई.
साधु अवग्या कर फलु ऐसा, जरइ नगर अनाथ कर जैसा.
जारा नगरु निमिष एक माहीं, एक बिभीषन कर गृह नाहीं.
ता कर दूत अनल जेहिं सिरिजा, जरा न सो तेहि कारन गिरिजा.
उलटि पलटि लंका सब जारी, कूदि परा पुनि सिंधु मझारी.

दोहा-dohā:

पूँछ बुझाइ खोइ श्रम धरि लघु रूप बहोरि,
जनकसुता कें आगें ठाढ़ भयउ कर जोरि.२६.

चौपाई-caupāī:

मातु मोहि दीजे कछु चीन्हा, जैसें रघुनायक मोहि दीन्हा.
चूड़ामनि उतारि तब दयऊ, हरष समेत पवनसुत लयऊ.
कहेहु तात अस मोर प्रनामा, सब प्रकार प्रभु पूरनकामा.
दीन दयाल बिरिदु संभारी, हरहु नाथ मम संकट भारी.
तात सक्रसुत कथा सुनाएहु, बान प्रताप प्रभुहि समुझाएहु.
मास दिवस महुँ नाथु न आवा, तौ पुनि मोहि जिअत नहिं पावा.
कहु कपि केहि बिधि राखौं प्राना, तुम्हहू तात कहत अब जाना.
तोहि देखि सीतलि भइ छाती, पुनि मो कहुँ सोइ दिनु सो राती.

दोहा-dohā:

जनकसुतहि समुझाइ करि बहु बिधि धीरजु दीन्ह,
चरन कमल सिरु नाइ कपि गवनु राम पहिं कीन्ह.२७.

चौपाई-caupāī:

चलत महाधुनि गर्जेसि भारी, गर्भ स्रवहिं सुनि निसिचर नारी.
नाघि सिंधु एहि पारहि आवा, सबद किलिकिला कपिन्ह सुनावा.
हरषे सब बिलोकि हनुमाना, नूतन जन्म कपिन्ह तब जाना.
मुख प्रसन्न तन तेज बिराजा, कीन्हेसि रामचन्द्र कर काजा.
मिले सकल अति भए सुखारी, तलफत मीन पाव जिमि बारी.
चले हरषि रघुनायक पासा, पूँछत कहत नवल इतिहासा.
तब मधुबन भीतर सब आए, अंगद संमत मधु फल खाए.
रखवारे जब बरजन लागे, मुष्टि प्रहार हनत सब भागे.

दोहा-dohā:

जाइ पुकारे ते सब बन उजार जुबराज,
सुनि सुग्रीव हरष कपि करि आए प्रभु काज.२८.

चौपाई-caupāī:

जौं न होति सीता सुधि पाई, मधुबन के फल सकहिं कि खाई.
एहि बिधि मन बिचार कर राजा, आइ गए कपि सहित समाजा.
आइ सबन्हि नावा पद सीसा, मिलेउ सबन्हि अति प्रेम कपीसा.
पूँछी कुसल कुसल पद देखी, राम कृपाँ भा काजु बिसेषी.
नाथ काजु कीन्हेउ हनुमाना, राखे सकल कपिन्ह के प्राना.
सुनि सुग्रीव बहुरि तेहि मिलेउ, कपिन्ह सहित रघुपति पहिं चलेऊ.
राम कपिन्ह जब आवत देखा, किएँ काजु मन हरष बिसेषा.
फटिक सिला बैठे द्वौ भाई, परे सकल कपि चरनन्हि जाई.

दोहा-dohā:

प्रीति सहित सब भेंटे रघुपति करुना पुंज,
पूँछी कुसल नाथ अब कुसल देखि पद कंज.२९.

चौपाई-caupāī:

जामवंत कह सुनु रघुराया, जा पर नाथ करहु तुम्ह दाया.
ताहि सदा सुभ कुसल निरंतर, सुर नर मुनि प्रसन्न ता ऊपर.
सोइ बिजई बिनई गुन सागर, तासु सुजसु त्रैलोक उजागर.
प्रभु कीं कृपा भयउ सबु काजू, जन्म हमार सुफल भा आजू.
नाथ पवनसुत कीन्हि जो करनी, सहसहुँ मुख न जाइ सो बरनी.
पवनतनय के चरित सुहाए, जामवंत रघुपतिहि सुनाए.
सुनत कृपानिधि मन अति भाए, पुनि हनुमान हरषि हियँ लाए.
कहहु तात केहि भाँति जानकी, रहति करति रच्छा स्वप्रान की.

दोहा-dohā:

नाम पाहरु दिवस निसि ध्यान तुम्हार कपाट,
लोचन निज पद जंत्रित जाहिं प्रान केहि बाट.३०.

चौपाई-caupāī:

चलत मोहि चूड़ामनि दीन्ही, रघुपति हृदयँ लाइ सोइ लीन्ही.
नाथ जुगल लोचन भरि बारी, बचन कहे कछु जनककुमारी.

अनुज समेत गहेहु प्रभु चरना, दीन बंधु प्रनतारति हरना।
मन क्रम बचन चरन अनुरागी, केहिं अपराध नाथ हौं त्यागी॥
अवगुन एक मोर मैं माना, बिछुरत प्रान न कीन्ह पयाना।
नाथ सो नयननहि को अपराधा, निसरत प्रान करहिं हठि बाधा॥
बिरह अगिनि तनु तूल समीरा, स्वास जरइ छन माहिं सरीरा।
नयन स्रवहिं जलु निज हित लागी, जरैं न पाव देह बिरहागी॥
सीता कै अति बिपति बिसाला, बिनहिं कहें भलि दीनदयाला॥

दोहा-dohā:
निमिष निमिष करुनानिधि जाहिं कलप सम बीति,
बेगि चलिय प्रभु आनिअ भुज बल खल दल जीति॥३१॥

चौपाई-caupāī:
सुनि सीता दुख प्रभु सुख अयना, भरि आए जल राजिव नयना।
बचन काय मन मम गति जाही, सपनेहुँ बूझिअ बिपति कि ताही॥
कह हनुमंत बिपति प्रभु सोई, जब तव सुमिरन भजन न होई।
केतिक बात प्रभु जातुधान की, रिपुहि जीति आनिबी जानकी॥
सुनु कपि तोहि समान उपकारी, नहिं कोउ सुर नर मुनि तनुधारी।
प्रति उपकार करौं का तोरा, सनमुख होइ न सकत मन मोरा॥
सुनु सुत तोहि उरिन मैं नाहीं, देखेउँ करि बिचार मन माहीं।
पुनि पुनि कपिहि चितव सुरत्राता, लोचन नीर पुलक अति गाता॥

दोहा-dohā:
सुनि प्रभु बचन बिलोकि मुख गात हरषि हनुमंत,
चरन परेउ प्रेमाकुल त्राहि त्राहि भगवंत॥३२॥

चौपाई-caupāī:
बार बार प्रभु चहइ उठावा, प्रेम मगन तेहि उठब न भावा।
प्रभु कर पंकज कपि कें सीसा, सुमिरि सो दसा मगन गौरीसा॥
सावधान मन करि पुनि संकर, लागे कहन कथा अति सुंदर।
कपि उठाइ प्रभु हृदयँ लगावा, कर गहि परम निकट बैठावा॥
कहु कपि रावन पालित लंका, केहि बिधि दहेउ दुर्ग अति बंका।
प्रभु प्रसन्न जाना हनुमाना, बोला बचन बिगत अभिमाना॥
साखामृग कै बड़ि मनुसाई, साखा तें साखा पर जाई।
नाघि सिंधु हाटकपुर जारा, निसिचर गन बधि बिपिन उजारा॥
सो सब तव प्रताप रघुराई, नाथ न कछू मोरि प्रभुताई॥

दोहा-dohā:
ता कहुँ प्रभु कछु अगम नहिं जा पर तुम्ह अनुकूल,
तव प्रभावँ बड़वानलहि जारि सकइ खलु तूल॥३३॥

चौपाई-caupāī:
नाथ भगति अति सुखदायनी, देहु कृपा करि अनपायनी।
सुनि प्रभु परम सरल कपि बानी, एवमस्तु तब कहेउ भवानी॥
उमा राम सुभाउ जेहिं जाना, ताहि भजनु तजि भाव न आना।
यह संबाद जासु उर आवा, रघुपति चरन भगति सोइ पावा॥
सुनि प्रभु बचन कहहिं कपिबृंदा, जय जय जय कृपाल सुखकंदा।
तब रघुपति कपिपतिहि बोलावा, कहा चलै कर करहु बनावा॥
अब बिलंबु केहि कारन कीजे, तुरत कपिन्ह कहुँ आयसु दीजे।
कौतुक देखि सुमन बहु बरषी, नभ तें भवन चले सुर हरषी॥

दोहा-dohā:
कपिपति बेगि बोलाए आए जूथप जूथ,
नाना बरन अतुल बल बानर भालु बरूथ॥३४॥

चौपाई-caupāī:
प्रभु पद पंकज नावहिं सीसा, गर्जहिं भालु महाबल कीसा।
देखी राम सकल कपि सेना, चितइ कृपा करि राजिव नैना॥
राम कृपा बल पाइ कपिंदा, भए पच्छजुत मनहुँ गिरिंदा।
हरषि राम तब कीन्ह पयाना, सगुन भए सुंदर सुभ नाना॥
जासु सकल मंगलमय कीती, तासु पयान सगुन यह नीती।
प्रभु पयान जाना बैदेहीं, फरकि बाम अँग जनु कहि देहीं॥
जोइ जोइ सगुन जानकिहि होई, असगुन भयउ रावनहि सोई।
चला कटकु को बरनैं पारा, गर्जहिं बानर भालु अपारा॥
नख आयुध गिरि पादपधारी, चले गगन महि इच्छाचारी।
केहरिनाद भालु कपि करहीं, डगमगाहिं दिग्गज चिक्करहीं॥

छंद-chanda:
चिक्करहिं दिग्गज डोल महि गिरि लोल सागर खरभरे,
मन हरष सभ गंधर्ब सुर मुनि नाग किंनर दुख टरे।
कटकटहिं मर्कट बिकट भट बहु कोटि कोटिन्ह धावहीं,
जय राम प्रबल प्रताप कोसलनाथ गुन गन गावहीं॥१॥

सहि सक न भार उदार अहिपति बार बारहिं मोहई,
गह दसन पुनि पुनि कमठ पृष्ठ कठोर सो किमि सोहई।
रघुबीर रुचिर प्रयान प्रस्थिति जानि परम सुहावनी,
जनु कमठ खर्पर सर्पराज सो लिखत अबिचल पावनी॥२॥

दोहा-dohā:
एहि बिधि जाइ कृपानिधि उतरे सागर तीर,
जहँ तहँ लागे खान फल भालु बिपुल कपि बीर॥३५॥

चौपाई-caupāī:
उहाँ निसाचर रहहिं ससंका, जब तें जारि गयउ कपि लंका।
निज निज गृहँ सब करहिं बिचारा, नहिं निसिचर कुल केर उबारा॥
जासु दूत बल बरनि न जाई, तेहि आएँ पुर कवन भलाई।
दूतिन्ह सन सुनि पुरजन बानी, मंदोदरी अधिक अकुलानी॥
रहसि जोरि कर पति पग लागी, बोली बचन नीति रस पागी।
कंत करष हरि सन परिहरहू, मोर कहा अति हित हियँ धरहू॥
समुझत जासु दूत कइ करनी, स्रवहिं गर्भ रजनीचर धरनी।
तासु नारि निज सचिव बोलाई, पठवहु कंत जो चहहु भलाई॥
तव कुल कमल बिपिन दुखदाई, सीता सीत निसा सम आई।
सुनहु नाथ सीता बिनु दीन्हें, हित न तुम्हार संभु अज कीन्हें॥

दोहा-dohā:
राम बान अहि गन सरिस निकर निसाचर भेक,
जब लगि ग्रसत न तब लगि जतनु करहु तजि टेक॥३६॥

चौपाई-caupāī:
श्रवन सुनी सठ ता करि बानी, बिहसा जगत बिदित अभिमानी।
सभय सुभाउ नारि कर साचा, मंगल महुँ भय मन अति काचा॥
जौं आवइ मर्कट कटकाई, जिअहिं बिचारे निसिचर खाई।

कंपहिं लोकप जाकीं त्रासा, तासु नारि सभीत बड़ि हासा.
अस कहि बिहसि ताहि उर लाई, चलेउ सभाँ ममता अधिकाई.
मंदोदरी हृदयँ कर चिंता, भयउ कंत पर बिधि बिपरीता.
बैठेउ सभाँ खबरि असि पाई, सिंधु पार सेना सब आई.
बूझेसि सचिव उचित मत कहहू, ते सब हँसे मष्ट करि रहहू.
जितेहु सुरासुर तब श्रम नाहीं, नर बानर केहि लेखे माहीं.

दोहा-doha:-
सचिव बैद गुर तीनि जौं प्रिय बोलहिं भय आस,
राज धर्म तन तीनि कर होइ बेगिहीं नास.३७.

चौपाई-caupāī:-
सोइ रावन कहुँ बनी सहाई, अस्तुति करहिं सुनाइ सुनाई.
अवसर जानि बिभीषनु आवा, भ्राता चरन सीसु तेहिं नावा.
पुनि सिरु नाइ बैठ निज आसन, बोला बचन पाइ अनुसासन.
जौ कृपाल पूँछिहु मोहि बाता, मति अनुरूप कहउँ हित ताता.
जो आपन चाहै कल्याना, सुजसु सुमति सुभ गति सुख नाना.
सो परनारि लिलार गोसाईं, तजउ चउथि के चंद कि नाईं.
चौदह भुवन एक पति होई, भूतद्रोह तिष्टइ नहिं सोई.
गुन सागर नागर नर जोऊ, अलप लोभ भल कहइ न कोऊ.

दोहा-doha:-
काम क्रोध मद लोभ सब नाथ नरक के पंथ,
सब परिहरि रघुबीरहि भजहु भजहिं जेहि संत.३८.

चौपाई-caupāī:-
तात राम नहिं नर भूपाला, भुवनेस्वर कालहु कर काला.
ब्रह्म अनामय अज भगवंता, ब्यापक अजित अनादि अनंता.
गो द्विज धेनु देव हितकारी, कृपा सिंधु मानुष तनुधारी.
जन रंजन भंजन खल ब्राता, बेद धर्म रच्छक सुनु भ्राता.
ताहि बयरु तजि नाइअ माथा, प्रनतारति भंजन रघुनाथा.
देहु नाथ प्रभु कहुँ बैदेही, भजहु राम बिनु हेतु सनेही.
सरन गएँ प्रभु ताहु न त्यागा, बिस्व द्रोह कृत अघ जेहि लागा.
जासु नाम त्रय ताप नसावन, सोइ प्रभु प्रगट समुझु जियँ रावन.

दोहा-doha:-
बार बार पद लागउँ बिनय करउँ दससीस,
परिहरि मान मोह मद भजहु कोसलाधीस.३९क.

मुनि पुलस्ति निज सिष्य सन कहि पठई यह बात,
तुरत सो मैं प्रभु सन कही पाइ सुअवसरु तात.३९ख.

चौपाई-caupāī:-
माल्यवंत अति सचिव सयाना, तासु बचन सुनि अति सुख माना.
तात अनुज तव नीति बिभूषन, सो उर धरहु जो कहत बिभीषन.
रिपु उत्कर्ष कहत सठ दोऊ, दूरि न करहु इहाँ हइ कोऊ.
माल्यवंत गृह गयउ बहोरी, कहइ बिभीषनु पुनि कर जोरी.
सुमति कुमति सब कें उर रहहीं, नाथ पुरान निगम अस कहहीं.
जहाँ सुमति तहँ संपति नाना, जहाँ कुमति तहँ बिपति निदाना.
तव उर कुमति बसी बिपरीता, हित अनहित मानहु रिपु प्रीता.
कालराति निसिचर कुल केरी, तेहि सीता पर प्रीति घनेरी.

दोहा-doha:-
तात चरन गहि माँगउँ राखहु मोर दुलार,
सीता देहु राम कहुँ अहित न होइ तुम्हार.४०.

चौपाई-caupāī:-
बुध पुरान श्रुति संमत बानी, कही बिभीषन नीति बखानी.
सुनत दसानन उठा रिसाई, खल तोहि निकट मृत्यु अब आई.
जिअसि सदा सठ मोर जिआवा, रिपु कर पच्छ मूढ़ तोहि भावा.
कहसि न खल अस को जग माहीं, भुज बल जाहि जिता मैं नाहीं.
मम पुर बसि तपसिन्ह पर प्रीती, सठ मिलु जाइ तिन्हहि कहु नीती.
अस कहि कीन्हेसि चरन प्रहारा, अनुज गहे पद बारहिं बारा.
उमा संत कइ इहइ बड़ाई, मंद करत जो करइ भलाई.
तुम्ह पितु सरिस भलेहिं मोहि मारा, रामु भजें हित नाथ तुम्हारा.
सचिव संग लै नभ पथ गयऊ, सबहि सुनाइ कहत अस भयऊ.

दोहा-doha:-
रामु सत्यसंकल्प प्रभु सभा कालबस तोरि,
मैं रघुबीर सरन अब जाउँ देहु जनि खोरि.४१.

चौपाई-caupāī:-
अस कहि चला बिभीषनु जबहीं, आयूहीन भए सब तबहीं.
साधु अवग्या तुरत भवानी, कर कल्यान अखिल कै हानी.
रावन जबहिं बिभीषन त्यागा, भयउ बिभव बिनु तबहिं अभागा.
चलेउ हरषि रघुनायक पाहीं, करत मनोरथ बहु मन माहीं.
देखिहउँ जाइ चरन जलजाता, अरुन मृदुल सेवक सुखदाता.
जे पद परसि तरी रिषिनारी, दंडक कानन पावनकारी.
जे पद जनकसुताँ उर लाए, कपट कुरंग संग धर धाए.
हर उर सर सरोज पद जेई, अहोभाग्य मैं देखिहउँ तेई.

दोहा-doha:-
जिन्ह पायन्ह के पादुकन्हि भरतु रहे मन लाइ,
ते पद आजु बिलोकिहउँ इन्ह नयनन्हि अब जाइ.४२.

चौपाई-caupāī:-
एहि बिधि करत सप्रेम बिचारा, आयउ सपदि सिंधु एहिं पारा.
कपिन्ह बिभीषनु आवत देखा, जाना कोउ रिपु दूत बिसेषा.
ताहि राखि कपीस पहिं आए, समाचार सब ताहि सुनाए.
कह सुग्रीव सुनहु रघुराई, आवा मिलन दसानन भाई.
कह प्रभु सखा बूझिऐ काहा, कहइ कपीस सुनहु नरनाहा.
जानि न जाइ निसाचर माया, कामरूप केहि कारन आया.
भेद हमार लेन सठ आवा, राखिअ बाँधि मोहि अस भावा.
सखा नीति तुम्ह नीकि बिचारी, मम पन सरनागत भयहारी.
सुनि प्रभु बचन हरष हनुमाना, सरनागत बच्छल भगवाना.

दोहा-doha:-
सरनागत कहुँ जे तजहिं निज अनहित अनुमानि,
ते नर पावँर पापमय तिन्हहि बिलोकत हानि.४३.

चौपाई-caupāī:-
कोटि बिप्र बध लागहिं जाहू, आएँ सरन तजउँ नहिं ताहू.
सनमुख होइ जीव मोहि जबहीं, जन्म कोटि अघ नासहिं तबहीं.
पापवंत कर सहज सुभाऊ, भजनु मोर तेहि भाव न काऊ.
जौं पै दुष्टहृदय सोइ होई, मोरें सनमुख आव कि सोई.

अजर अमर गुननिधि सुत होहू । करहुँ बहुत रघुनायक चोहू ॥
ajara amara gunanidhi suta hohū, karahuṃ bahuta raghunāyaka chohū.

निर्मल मन जन सो मोहि पावा, मोहि कपट छल छिद्र न भावा।
भेद लेन पठवा दससीसा, तबहुँ न कछु भय हानि कपीसा।
जग महुँ सखा निसाचर जेते, लछिमनु हनइ निमिष महुँ तेते।
जौं सभीत आवा सरनाईं, रखिहउँ ताहि प्रान की नाईं।

दोहा-doha:
उभय भाँति तेहि आनहु हँसि कह कृपानिकेत,
जय कृपाल कहि कपि चले अंगद हनू समेत.४४.

चौपाई-caupāī:
सादर तेहि आगें करि बानर, चले जहाँ रघुपति करुनाकर।
दूरिहि ते देखे द्वौ भ्राता, नयनानंद दान के दाता।
बहुरि राम छबिधाम बिलोकी, रहेउ ठटुकि एकटक पल रोकी।
भुज प्रलंब कंजारुन लोचन, स्यामल गात प्रनत भय मोचन।
सिंघ कंध आयत उर सोहा, आनन अमित मदन मन मोहा।
नयन नीर पुलकित अति गाता, मन धरि धीर कही मृदु बाता।
नाथ दसानन कर मैं भ्राता, निसिचर बंस जनम सुरत्राता।
सहज पापप्रिय तामस देहा, जथा उलूकहि तम पर नेहा।

दोहा-doha:
श्रवन सुजसु सुनि आयउँ प्रभु भंजन भव भीर,
त्राहि त्राहि आरति हरन सरन सुखद रघुबीर.४५.

चौपाई-caupāī:
अस कहि करत दंडवत देखा, तुरत उठे प्रभु हरष बिसेषा।
दीन बचन सुनि प्रभु मन भावा, भुज बिसाल गहि हृदयँ लगावा।
अनुज सहित मिलि ढिग बैठारी, बोले बचन भगत भयहारी।
कहु लंकेस सहित परिवारा, कुसल कुठाहर बास तुम्हारा।
खल मंडली बसहु दिनु राती, सखा धरम निबहइ केहि भाँती।
मैं जानउँ तुम्हारि सब रीती, अति नय निपुन न भाव अनीती।
बरु भल बास नरक कर ताता, दुष्ट संग जनि देइ बिधाता।
अब पद देखि कुसल रघुराया, जौं तुम्ह कीन्हि जानि जन दाया।

दोहा-doha:
तब लगि कुसल न जीव कहुँ सपनेहुँ मन बिश्राम,
जब लगि भजत न राम कहुँ सोक धाम तजि काम.४६.

चौपाई-caupāī:
तब लगि हृदयँ बसत खल नाना, लोभ मोह मच्छर मद माना।
जब लगि उर न बसत रघुनाथा, धरें चाप सायक कटि भाथा।
ममता तरुन तमी अँधिआरी, राग द्वेष उलूक सुखकारी।
तब लगि बसति जीव मन माहीं, जब लगि प्रभु प्रताप रबि नाहीं।
अब मैं कुसल मिटे भय भारे, देखि राम पद कमल तुम्हारे।
तुम्ह कृपाल जा पर अनुकूला, ताहि न ब्याप त्रिबिध भव सूला।
मैं निसिचर अति अधम सुभाऊ, सुभ आचरनु कीन्ह नहिं काऊ।
जासु रूप मुनि ध्यान न आवा, तेहिं प्रभु हरषि हृदयँ मोहि लावा।

दोहा-doha:
अहोभाग्य मम अमित अति राम कृपा सुख पुंज,
देखेउँ नयन बिरंचि सिव सेब्य जुगल पद कंज.४७.

चौपाई-caupāī:
सुनहु सखा निज कहउँ सुभाऊ, जान भुसुंडि संभु गिरिजाऊ।
जौं नर होइ चराचर द्रोही, आवै सभय सरन तकि मोही।

तजि मद मोह कपट छल नाना, करउँ सद्य तेहि साधु समाना।
जननी जनक बंधु सुत दारा, तनु धनु भवन सुहृद परिवारा।
सब कै ममता ताग बटोरी, मम पद मनहि बाँध बरि डोरी।
समदरसी इच्छा कछु नाहीं, हरष सोक भय नहिं मन माहीं।
अस सज्जन मम उर बस कैसें, लोभी हृदयँ बसइ धनु जैसें।
तुम्ह सारिखे संत प्रिय मोरें, धरउँ देह नहिं आन निहोरें।

दोहा-doha:
सगुन उपासक परहित निरत नीति दृढ़ नेम,
ते नर प्रान समान मम जिन्ह कें द्विज पद प्रेम.४८.

चौपाई-caupāī:
सुनु लंकेस सकल गुन तोरें, तातें तुम्ह अतिसय प्रिय मोरें।
राम बचन सुनि बानर जूथा, सकल कहहिं जय कृपा बरूथा।
सुनत बिभीषनु प्रभु कै बानी, नहिं अघात श्रवनामृत जानी।
पद अंबुज गहि बारहिं बारा, हृदयँ समात न प्रेमु अपारा।
सुनहु देव सचराचर स्वामी, प्रनतपाल उर अंतरजामी।
उर कछु प्रथम बासना रही, प्रभु पद प्रीति सरित सो बही।
अब कृपाल निज भगति पावनी, देहु सदा सिव मन भावनी।
एवमस्तु कहि प्रभु रनधीरा, मागा तुरत सिंधु कर नीरा।
जदपि सखा तव इच्छा नाहीं, मोर दरसु अमोघ जग माहीं।
अस कहि राम तिलक तेहि सारा, सुमन बृष्टि नभ भई अपारा।

दोहा-doha:
रावन क्रोध अनल निज स्वास समीर प्रचंड,
जरत बिभीषनु राखेउ दीन्हेउ राजु अखंड.४९क.

जो संपति सिव रावनहि दीन्हि दिएँ दस माथ,
सोइ संपदा बिभीषनहि सकुचि दीन्ह रघुनाथ.४९ख.

चौपाई-caupāī:
अस प्रभु छाड़ि भजहिं जे आना, ते नर पसु बिनु पूँछ बिषाना।
निज जन जानि ताहि अपनावा, प्रभु सुभाव कपि कुल मन भावा।
पुनि सर्बग्य सर्ब उर बासी, सर्बरूप सब रहित उदासी।
बोले बचन नीति प्रतिपालक, कारन मनुज दनुज कुल घालक।
सुनु कपीस लंकापति बीरा, केहि बिधि तरिअ जलधि गंभीरा।
संकुल मकर उरग झष जाती, अति अगाध दुस्तर सब भाँती।
कह लंकेस सुनहु रघुनायक, कोटि सिंधु सोषक तव सायक।
जद्यपि तदपि नीति असि गाई, बिनय करिअ सागर सन जाई।

दोहा-doha:
प्रभु तुम्हार कुलगुर जलधि कहिहि उपाय बिचारि,
बिनु प्रयास सागर तरिहि सकल भालु कपि धारि.५०.

चौपाई-caupāī:
सखा कही तुम्ह नीकि उपाई, करिअ दैव जौं होइ सहाई।
मंत्र न यह लछिमन मन भावा, राम बचन सुनि अति दुख पावा।
नाथ दैव कर कवन भरोसा, सोषिअ सिंधु करिअ मन रोसा।
कादर मन कहुँ एक अधारा, दैव दैव आलसी पुकारा।
सुनत बिहसि बोले रघुबीरा, ऐसेहि करब धरहु मन धीरा।
अस कहि प्रभु अनुजहि समुझाई, सिंधु समीप गए रघुराई।

प्रथम प्रनाम कीन्ह सिरु नाई, बैठे पुनि तट दर्भ डसाई.
जबहिं बिभीषन प्रभु पहिं आए, पाछें रावन दूत पठाए.

दोहा-doha:

सकल चरित तिन्ह देखे धरें कपट कपि देह,
प्रभु गुन हृदयँ सराहहिं सरनागत पर नेह.५१.

चौपाई-caupāī:

प्रगट बखानहिं राम सुभाउ, अति सप्रेम गा बिसरि दुराउ.
रिपु के दूत कपिन्ह तब जाने, सकल बाँधि कपीस पहिं आने.
कह सुग्रीव सुनहु सब बानर, अंग भंग करि पठवहु निसिचर.
सुनि सुग्रीव बचन कपि धाए, बाँधि कटक चहु पास फिराए.
बहु प्रकार मारन कपि लागे, दीन पुकारत तदपि न त्यागे.
जो हमार हर नासा काना, तेहि कोसलाधीस कै आना.
सुनि लछिमन सब निकट बोलाए, दया लागि हँसि तुरत छोड़ाए.
रावन कर दीजहु यह पाती, लछिमन बचन बाचु कुलघाती.

दोहा-doha:

कहेहु मुखागर मूढ़ सन मम संदेसु उदार,
सीता देइ मिलेहु न त आवा कालु तुम्हार.५२.

चौपाई-caupāī:

तुरत नाइ लछिमन पद माथा, चले दूत बरनत गुन गाथा.
कहत राम जसु लंकाँ आए, रावन चरन सीस तिन्ह नाए.
बिहसि दसानन पूँछी बाता, कहसि न सुक आपनि कुसलाता.
पुनि कहु खबरि बिभीषन केरी, जाहि मृत्यु आई अति नेरी.
करत राज लंका सठ त्यागी, होइहि जव कर कीट अभागी.
पुनि कहु भालु कीस कटकाई, कठिन काल प्रेरित चलि आई.
जिन्ह के जीवन कर रखवारा, भयउ मृदुल चित सिंधु बिचारा.
कहु तपसिन्ह कै बात बहोरी, जिन्ह के हृदयँ त्रास अति मोरी.

दोहा-doha:

की भइ भेंट कि फिरि गए श्रवन सुजसु सुनि मोर,
कहसि न रिपु दल तेज बल बहुत चकित चित तोर.५३.

चौपाई-caupāī:

नाथ कृपा करि पूँछेहु जैसें, मानहु कहा क्रोध तजि तैसें.
मिला जाइ जब अनुज तुम्हारा, जातहिं राम तिलक तेहि सारा.
रावन दूत हमहि सुनि काना, कपिन्ह बाँधि दीन्हे दुख नाना.
श्रवन नासिका काटैं लागे, राम सपथ दीन्हें हम त्यागे.
पूँछिहु नाथ राम कटकाई, बदन कोटि सत बरनि न जाई.
नाना बरन भालु कपि धारी, बिकटानन बिसाल भयकारी.
जेहिं पुर दहेउ हतेउ सुत तोरा, सकल कपिन्ह महँ तेहि बलु थोरा.
अमित नाम भट कठिन कराला, अमित नाग बल बिपुल बिसाला.

दोहा-doha:

द्विबिद मयंद नील नल अंगद गद बिकटासि,
दधिमुख केहरि निसठ सठ जामवंत बलरासि.५४.

चौपाई-caupāī:

ए कपि सब सुग्रीव समाना, इन्ह सम कोटिन्ह गनइ को नाना.
राम कृपाँ अतुलित बल तिन्हहीं, तृन समान त्रैलोकहि गनहीं.
अस मैं सुना श्रवन दसकंधर, पदुम अठारह जूथप बंदर.
नाथ कटक महँ सो कपि नाहीं, जो न तुम्हहि जीतै रन माहीं.

परम क्रोध मीजहिं सब हाथा, आयसु पै न देहिं रघुनाथा.
सोषहिं सिंधु सहित झष ब्याला, पूरहिं न त भरि कुधर बिसाला.
मर्दि गर्द मिलवहिं दससीसा, ऐसेइ बचन कहहिं सब कीसा.
गर्जहिं तर्जहिं सहज असंका, मानहुँ ग्रसन चहत हहिं लंका.

दोहा-doha:

सहज सूर कपि भालु सब पुनि सिर पर प्रभु राम,
रावन काल कोटि कहुँ जीति सकहिं संग्राम.५५.

चौपाई-caupāī:

राम तेज बल बुधि बिपुलाई, सेष सहस सत सकहिं न गाई.
सक सर एक सोषि सत सागर, तव भ्रातहि पूँछिउ नय नागर.
तासु बचन सुनि सागर पाहीं, मागत पंथ कृपा मन माहीं.
सुनत बचन बिहसा दससीसा, जौं अस मति सहाय कृत कीसा.
सहज भीरु कर बचन दृढ़ाई, सागर सन ठानी मचलाई.
मूढ़ मृषा का करसि बड़ाई, रिपु बल बुद्धि थाह मैं पाई.
सचिव सभीत बिभीषन जाकें, बिजय बिभूति कहाँ जग ताकें.
सुनि खल बचन दूत रिस बाढ़ी, समय बिचारि पत्रिका काढ़ी.
रामानुज दीन्ही यह पाती, नाथ बचाइ जुड़ावहु छाती.
बिहसि बाम कर लीन्ही रावन, सचिव बोलि सठ लाग बचावन.

दोहा-doha:

बातन्ह मनहि रिझाइ सठ जनि घालसि कुल खीस,
राम बिरोध न उबरसि सरन बिष्नु अज ईस.५६क.
की तजि मान अनुज इव प्रभु पद पंकज भृंग,
होहि कि राम सरानल खल कुल सहित पतंग.५६ख.

चौपाई-caupāī:

सुनत सभय मन मुख मुसुकाई, कहत दसानन सबहि सुनाई.
भूमि परा कर गहत अकासा, लघु तापस कर बाग बिलासा.
कह सुक नाथ सत्य सब बानी, समुझहु छाड़ि प्रकृति अभिमानी.
सुनहु बचन मम परिहरि क्रोधा, नाथ राम सन तजहु बिरोधा.
अति कोमल रघुबीर सुभाऊ, जद्यपि अखिल लोक कर राऊ.
मिलत कृपा तुम्ह पर प्रभु करिही, उर अपराध न एकउ धरिही.
जनकसुता रघुनाथहि दीजे, एतना कहा मोर प्रभु कीजे.
जब तेहिं कहा देन बैदेही, चरन प्रहार कीन्ह सठ तेही.
नाइ चरन सिरु चला सो तहाँ, कृपासिंधु रघुनायक जहाँ.
करि प्रनामु निज कथा सुनाई, राम कृपाँ आपनि गति पाई.
रिषि अगस्ति कीं साप भवानी, राछस भयउ रहा मुनि ग्यानी.
बंदि राम पद बारहिं बारा, मुनि निज आश्रम कहुँ पगु धारा.

दोहा-doha:

बिनय न मानत जलधि जड़ गए तीनि दिन बीति,
बोले राम सकोप तब भय बिनु होइ न प्रीति.५७.

चौपाई-caupāī:

लछिमन बान सरासन आनू, सोषौं बारिधि बिसिख कृसानू.
सठ सन बिनय कुटिल सन प्रीती, सहज कृपन सन सुंदर नीती.
ममता रत सन ग्यान कहानी, अति लोभी सन बिरति बखानी.
क्रोधिहि सम कामिहि हरि कथा, उसर बीज बएँ फल जथा.
अस कहि रघुपति चाप चढ़ावा, यह मत लछिमन के मन भावा.

अजर अमर गुननिधि सुत होहू । करहुँ बहुत रघुनायक छोहू ॥
ajara amara gunanidhi suta hohū, karahum̐ bahuta raghunāyaka chohū.

संघानेउ प्रभु बिसिख कराला, उठी उदधि उर अंतर ज्वाला।
मकर उरग झष गन अकुलाने, जरत जंतु जलनिधि जब जाने।
कनक थार भरि मनि गन नाना, बिप्र रूप आयउ तजि माना।

दोहा-doha:
काटेहिं पइ कदरी फरइ कोटि जतन कोउ सींच,
बिनय न मान खगेस सुनु डाटेहिं पइ नव नीच।५८।

चौपाई-caupāī:
सभय सिंधु गहि पद प्रभु केरे, छमहु नाथ सब अवगुन मेरे।
गगन समीर अनल जल धरनी, इन्ह कइ नाथ सहज जड करनी।
तव प्रेरित मायाँ उपजाए, सृष्टि हेतु सब ग्रंथनि गाए।
प्रभु आयसु जेहि कहँ जस अहई, सो तेहि भाँति रहें सुख लहई।
प्रभु भल कीन्ह मोहि सिख दीन्ही, मरजादा पुनि तुम्हरी कीन्ही।
ढोल गवाँर सूद्र पसु नारी, सकल ताड़ना के अधिकारी।
प्रभु प्रताप मैं जाब सुखाई, उतरिहि कटकु न मोरि बड़ाई।
प्रभु अग्या अपेल श्रुति गाई, करौं सो बेगि जो तुम्हहि सोहाई।

दोहा-doha:
सुनत बिनीत बचन अति कह कृपाल मुसुकाइ,
जेहि बिधि उतरै कपि कटकु तात सो कहहु उपाइ।५९।

चौपाई-caupāī:
नाथ नील नल कपि द्वौ भाई, लरिकाईं रिषि आसिष पाई।
तिन्ह कें परस किएँ गिरि भारे, तरिहहिं जलधि प्रताप तुम्हारे।

मैं पुनि उर धरि प्रभु प्रभुताई, करिहउँ बल अनुमान सहाई।
एहि बिधि नाथ पयोधि बँधाइअ, जेहिं यह सुजसु लोक तिहुँ गाइअ।
एहिं सर मम उत्तर तट बासी, हतहु नाथ खल नर अघ रासी।
सुनि कृपाल सागर मन पीरा, तुरतहिं हरी राम रनधीरा।
देखि राम बल पौरुष भारी, हरषि पयोनिधि भयउ सुखारी।
सकल चरित कहि प्रभुहि सुनावा, चरन बंदि पाथोधि सिधावा।

छंद-chaṁda:
निज भवन गवनेउ सिंधु श्रीरघुपतिहि यह मत भायउ,
यह चरित कलि मलहर जथामति दास तुलसी गायउ।
सुख भवन संसय समन दवन बिषाद रघुपति गुन गना,
तजि सकल आस भरोस गावहि सुनहि संतत सठ मना।

दोहा-doha:
सकल सुमंगल दायक रघुनायक गुन गान,
सादर सुनहिं ते तरहिं भव सिंधु बिना जलजान।६०।

इति श्रीमद्रामचरितमानसे सकलकलिकलुषविध्वंसने पञ्चमः सोपानः सुन्दरकाण्ड

मंगल भवन अमंगल हारी । द्रवउ सो दसरथ अजिर बिहारी ॥
maṁgala bhavana amaṁgala hārī, dravau so dasaratha ajira bihārī.

श्री रामायण आरती — śrī rāmāyaṇa āratī

आरति श्रीरामायनजी की । कीरति कलित ललित सिय पी की ॥
ārati śrīrāmāyanajī kī, kīrati kalita lalita siya pī kī.

गावत ब्रह्मादिक मुनि नारद । बाल्मीक बिग्यान बिसारद ॥
gāvata brahmādika muni nārada, bālamīka bigyāna bisārada.
सुक सनकादि सेष अरु सारद । बरनि पवनसुत कीरति नीकी ॥१॥
suka sanakādi seṣa aru sārada, barani pavanasuta kīrati nīkī.

गावत बेद पुरान अष्टदस । छओ सास्त्र सब ग्रंथन को रस ॥
gāvata beda purāna aṣṭadasa, chao sāstra saba gramthana ko rasa.
मुनि जन धन संतन को सरबस । सार अंस संमत सबही की ॥२॥
muni jana dhana samtana ko sarabasa, sāra amsa sammata sabahī kī.

गावत संतत संभु भवानी । अरु घटसंभव मुनि बिग्यानी ॥
gāvata samtata sambhu bhavānī, aru ghaṭasambhava muni bigyānī.
ब्यास आदि कबिबर्ज बखानी । कागभुसुंडि गरुड़ के ही की ॥३॥
byāsa ādi kabibarja bakhānī, kāgabhusumḍi garuḍa ke hī kī.

कलिमल हरनि बिषय रस फीकी । सुभग सिंगार मुक्ति जुबती की ॥
kalimala harani biṣaya rasa phīkī, subhaga simgāra mukti jubatī kī.
दलन रोग भव मूरि अमी की । तात मात सब बिधि तुलसी की ॥४॥
dalana roga bhava mūri amī kī, tāta māta saba bidhi tulasī kī.

आरति श्रीरामायनजी की ।
कीरति कलित ललित सिय पी की ॥
ārati śrīrāmāyanajī kī,
kīrati kalita lalita siya pī kī ...

श्री हनुमान चालीसा — śrī hanumāna cālīsā

दोहा - dohā

श्रीगुरु चरन सरोज रज निज मन मुकुर सुधारि, बरनऊँ रघुबर बिमल जस जो दायक फल चारि.
śrīguru carana saroja raja nija mana mukura sudhāri, baranaüṁ raghubara bimala jasa jo dāyaka phala cāri.

बुद्धि हीन तनु जानिकै सुमिरौं पवन कुमार, बल बुद्धि बिद्या देहु मोहि हरहु कलेश विकार.
buddhi hīna tanu jānikai sumirauṁ pavana kumāra, bala buddhi bidyā dehu mohi harahu kaleśa vikāra.

चौपाई - caupai

जय हनुमान ज्ञान गुण सागर, जय कपीश तिहुँ लोक उजागर.[1]
jaya hanumāna jñāna guṇa sāgara, jaya kapīśa tihuṁ loka ujāgara.

राम दूत अतुलित बल धामा, अंजनिपुत्र पवनसुत नामा.[2]
rāma dūta atulita bala dhāmā, aṁjaniputra pavanasuta nāmā.

महाबीर बिक्रम बजरंगी, कुमति निवार सुमति के संगी.[3]
mahābīra bikrama bajaraṁgī, kumati nivāra sumati ke saṁgī.

कंचन बरन बिराज सुबेषा, कानन कुंडल कुंचित केशा.[4]
kaṁcana barana birāja subeṣā, kānana kuṁḍala kuṁcita keśā.

हाथ बज्र और ध्वजा बिराजै, काँधे मूँज जनेऊ साजै.[5]
hātha bajra aura dhvajā birājai, kāṁdhe mūṁja janeū sājai.

शङ्कर स्वयं केशरीनन्दन, तेज प्रताप महा जग बंदन.[6]
śaṅkara svayaṁ keśarīnaṁdana, teja pratāpa mahā jaga baṁdana.

विद्यावान गुणी अति चातुर, राम काज करिबे को आतुर.[7]
vidyāvāna guṇī ati cātura, rāma kāja karibe ko ātura.

प्रभु चरित्र सुनिबे को रसिया, राम लखन सीता मन बसिया.[8]
prabhu caritra sunibe ko rasiyā, rāma lakhana sītā mana basiyā.

सूक्ष्म रूप धरि सियहिं दिखावा, बिकट रूप धरि लंक जरावा.[9]
sūkṣma rūpa dhari siyahiṁ dikhāvā, bikaṭa rūpa dhari laṁka jarāvā.

भीम रूप धरि असुर सँहारे, रामचन्द्र के काज सँवारे.[10]
bhīma rūpa dhari asura saṁhāre, rāmacandra ke kāja saṁvāre.

लाय संजीवनि लखन जियाये, श्री रघुबीर हरषि उर लाये.[11]
lāya saṁjīvani lakhana jiyāye, śrī raghubīra haraṣi ura lāye.

रघुपति कीन्ही बहुत बड़ाई, तुम मम प्रिय भरतहिं सम भाई.[12]
raghupati kīnhī bahuta baṛāī, tuma mama priya bharatahiṁ sama bhāī.

सहस बदन तुम्हरो जस गावैं, अस कहि श्रीपति कंठ लगावैं.[13]
sahasa badana tumharo jasa gāvaiṁ, asa kahi śrīpati kaṁṭha lagāvaiṁ.

सनकादिक ब्रह्मादि मुनीशा, नारद शारद सहित अहीशा.[14]
sanakādika brahmādi munīśā, nārada śārada sahita ahīśā.

जम कुबेर दिगपाल जहाँ ते, कबि कोबिद कहि सकै कहाँ ते.[15]
jama kubera digapāla jahāṁ te, kabi kobida kahi sakai kahāṁ te.

तुम उपकार सुग्रीवहिं कीन्हा, राम मिलाय राज पद दीन्हा.[16]
tuma upakāra sugrīvahiṁ kīnhā, rāma milāya rāja pada dīnhā.

तुम्हरो मंत्र बिभीषण माना, लंकेश्वर भए सब जग जाना.[17]
tumharo maṁtra bibhīṣaṇa mānā, laṁkeśvara bhae saba jaga jānā.

जुग सहस्र जोजन पर भानू, लील्यो ताहि मधुर फल जानू.[18]
* juga sahastra jojana para bhānū, līlyo tāhi madhura phala jānū.

प्रभु मुद्रिका मेलि मुख माहीं, जलधि लाँघि गये अचरज नाहीं.[19]
prabhu mudrikā meli mukha māhīṁ, jaladhi lāṁghi gaye acaraja nāhīṁ.

दुर्गम काज जगत के जेते, सुगम अनुग्रह तुम्हरे तेते.[20]
durgama kāja jagata ke jete, sugama anugraha tumhare tete.

राम दुआरे तुम रखवारे, होत न आज्ञा बिनु पैसारे.[21]
rāma duāre tuma rakhavāre, hota na ājñā binu paisāre.

सब सुख लहैं तुम्हारी शरना, तुम रक्षक काहू को डर ना.[22]
saba sukha lahaiṁ tumhārī śaranā, tuma rakṣaka kāhū ko ḍara nā.

आपन तेज सम्हारो आपै, तीनौं लोक हाँक ते काँपै.[23]
āpana teja samhāro āpai, tīnauṁ loka hāṁka te kāṁpai.

भूत पिशाच निकट नहिं आवै, महाबीर जब नाम सुनावै.[24]
bhūta piśāca nikaṭa nahiṁ āvai, mahābīra jaba nāma sunāvai.

नासै रोग हरै सब पीरा, जपत निरंतर हनुमत बीरा.[25]
nāsai roga harai saba pīrā, japata niraṁtara hanumata bīrā.

संकट ते हनुमान छुड़ावै, मन क्रम बचन ध्यान जो लावै.[26]
saṁkaṭa te hanumāna chuṛāvai, mana krama bacana dhyāna jo lāvai.

सब पर राम तपस्वी राजा, तिन के काज सकल तुम साजा.[27]
saba para rāma tapasvī rājā, tina ke kāja sakala tuma sājā.

और मनोरथ जो कोउ लावै, तासु अमित जीवन फल पावै.[28]
aura manoratha jo kou lāvai, tāsu amita jīvana phala pāvai.

चारों जुग परताप तुम्हारा, है परसिद्ध जगत उजियारा.[29]
cāroṁ juga paratāpa tumhārā, hai parasiddha jagata ujiyārā.

साधु संत के तुम रखवारे, असुर निकंदन राम दुलारे.[30]
sādhu saṁta ke tuma rakhavāre, asura nikaṁdana rāma dulāre.

अष्ट सिद्धि नव निधि के दाता, अस बर दीन्ह जानकी माता.[31]
aṣṭa siddhi nava nidhi ke dātā, asa bara dīnha jānakī mātā.

राम रसायन तुम्हरे पासा, सदा रहउ रघुपति के दासा.[32]
rāma rasāyana tumhare pāsā, sadā rahau raghupati ke dāsā.

तुम्हरे भजन राम को पावै, जनम जनम के दुख बिसरावै.[33]
tumhare bhajana rāma ko pāvai, janama janama ke dukha bisarāvai.

अंत काल रघुबर पुर जाई, जहाँ जन्म हरिभक्त कहाई.[34]
aṁta kāla raghubara pura jāī, jahāṁ janma haribhakta kahāī.

और देवता चित्त न धरई, हनुमत सेइ सर्ब सुख करई.[35]
aura devatā citta na dharaī, hanumata sei sarba sukha karaī.

संकट कटै मिटै सब पीरा, जो सुमिरै हनुमत बलबीरा.[36]
saṁkaṭa kaṭai miṭai saba pīrā, jo sumirai hanumata balabīrā.

जय जय जय हनुमान गोसाईं, कृपा करहु गुरु देव की नाईं.[37]
jaya jaya jaya hanumāna gosāīṁ, kṛpā karahu guru deva kī nāīṁ.

यह शत बार पाठ कर जोई, छूटै बंदि महा सुख सोई.[38]
yaha śata bāra pāṭha kara joī, chuṭai baṁdi mahā sukha soī.

जो यह पढ़ै हनुमान चालीसा, होय सिद्धि साखी गौरीसा.[39]
jo yaha paṛhai hanumāna cālīsā, hoya siddhi sākhī gaurīsā.

तुलसीदास सदा हरि चेरा, कीजै नाथ हृदय महँ डेरा.[40]
tulasīdāsa sadā hari cerā, kījai nātha hṛdaya mahaṁ ḍerā.

दोहा - dohā

पवन तनय संकट हरन मंगल मूरति रूप, राम लखन सीता सहित हृदय बसहु सुर भूप.
pavana tanaya saṁkaṭa harana maṁgala mūrati rūpa, rāma lakhana sītā sahita hṛdaya basahu sura bhūpa.

* Here Juga (which equal 12,000 Divine-Years per Vedic-Time-Scale) is used as a number; sahastra is 1000; jojana is 8 miles. The distance to Bhanu (Sun) 12,000×1000×8 = 96 million miles is given out in this 18th Chaupai. This estimate by Tulsīdās from sixteenth century India is within 3.3% of modern day calculations.
(You can download this single-page Chalisa PDF from www.e1l1.com)

श्री हनुमान आरती — śrī hanumāna āratī

आरती कीजै हनुमान लला की, दुष्ट-दलन रघुनाथ कला की।[1]
āratī kījai hanumāna lalā kī, duṣṭa-dalana raghunātha kalā kī.
जाके बल से गिरिवर काँपै, रोग दोष जाके निकट न झाँपै।[2]
jāke bala se girivara kāṁpai, roga doṣa jāke nikaṭa na jhāṁpai.
अंजनि-पुत्र महा बल दाई, संतन के प्रभु सदा सहाई।[3]
aṁjani-putra mahā bala dāī, saṁtana ke prabhu sadā sahāī.
दे बीरा रघुनाथ पठाये, लंका जारि सीय सुधि लाये।[4]
de bīrā raghunātha paṭhāye, laṁkā jāri sīya sudhi lāye.
लंका-सो कोट समुद्र-सी खाई, जात पवनसुत बार न लाई।[5]
laṁkā-so koṭa samudra-sī khāī, jāta pavanasuta bāra na lāī.
लंका जारि असुर संहारे, सियारामजी के काज सँवारे।[6]
laṁkā jāri asura saṁhāre, siyārāmajī ke kāja saṁvāre.
लछिमन मूर्छित पड़े सकारे, आनि सजीवन प्रान उबारे।[7]
lachimana mūrchita paṛe sakāre, āni sajīvana prāna ubāre.
पैठी पताल तोरि जम-कारे, अहिरावन की भुजा उखारे।[8]
paiṭhī patāla tori jama-kāre, ahirāvana kī bhujā ukhāre.
बायें भुजा असुरदल मारे, दहिने भुजा संतजन तारे।[9]
bāyeṁ bhujā asuradala māre, dahine bhujā saṁtajana tāre.
सुर नर मुनि आरती उतारे, जै जै जै हनुमान उचारे।[10]
sura nara muni āratī utāre, jai jai jai hanumāna ucāre.
कंचन थार कपूर लौ छाई, आरति करत अंजना माई।[11]
kaṁcana thāra kapūra lau chāī, ārati karata aṁjanā māī.
जो हनुमान्जी की आरति गावै, बसि बैकुंठ परमपद पावै।[12]
jo hanumānajī kī ārati gāvai, basi baikuṁṭha paramapada pāvai.

आरती कीजै हनुमान लला की, दुष्ट-दलन रघुनाथ कला की ...
āratī kījai hanumāna lalā kī, duṣṭa-dalana raghunātha kalā kī ...

oo

सियावर रामचन्द्र की जय
siyāvara rāmacandra kī jaya
पवनसुत हनुमान की जय
pavanasuta hanumāna kī jaya
गोस्वामी तुलसीदास की जय
gosvāmī tulasīdāsa kī jaya

जय जगदीश हरे आरती – jaya jagadīśa hare āratī

ॐ जय जगदीश हरे
om jaya jagadīśa hare
स्वामी जय जगदीश हरे
swāmī jaya jagadīśa hare
भक्त जनों के संकट
bhakta janoṅ ke saṅkaṭa
दास जनों के संकट
dāsa janoṅ ke saṅkaṭa
क्षण में दूर करे
kṣaṇa meṅ dūra kare
ॐ जय जगदीश हरे
om jaya jagadīśa hare

जो ध्यावे फल पावे
jo dhyāve phala pāve
दुख बिनसे मन का
dukha binase mana kā
स्वामी दुख बिनसे मन का
swāmī dukha binase mana kā
सुख सम्पति घर आवे
sukha sampatī ghara āve
सुख सम्पति घर आवे
sukha sampatī ghara āve
कष्ट मिटे तन का
kaṣṭa miṭe tana kā
ॐ जय जगदीश हरे
om jaya jagadīśa hare

मात पिता तुम मेरे
māta pitā tuma mere
शरण गहूं किसकी
śaraṇa gahūṅ kisakī
स्वामी शरण गहूं मैं किसकी
swāmī śaraṇa gahūṅ maiṅ kisakī
तुम बिन और न दूजा
tuma bina aura na dūjā
हरि बिन और न दूजा
hari bina aura na dūjā
आस करूं मैं जिसकी
āsa karūṅ maiṅ jisakī
ॐ जय जगदीश हरे
om jaya jagadīśa hare

तुम पूरण परमात्मा
tuma pūraṇa paramātmā
तुम अंतरयामी
tuma antarayāmī
स्वामी तुम अंतरयामी
swāmī tuma antarayāmī
पारब्रह्म परमेश्वर
pārabrahma parameśwara
पारब्रह्म परमेश्वर
pārabrahma parameśwara
तुम सब के स्वामी
tuma saba ke swāmī
ॐ जय जगदीश हरे
om jaya jagadīśa hare

तुम करुणा के सागर
tuma karuṇā ke sāgara
तुम पालनकर्ता
tuma pālanakartā
स्वामी तुम पालनकर्ता
swāmī tuma pālanakartā
मैं मूरख खल कामी
maiṅ mūrakh khala kāmī

मैं सेवक तुम स्वामी
main sevaka tuma swāmī
कृपा करो भर्ता
kṛpā karo bhartā
ॐ जय जगदीश हरे
om jaya jagadīśa hare

तुम हो एक अगोचर
tuma ho eka agochara
सबके प्राणपति
sabake prāṇapati
स्वामी सबके प्राणपति
swāmī sabake prāṇapati
किस विधि मिलूँ दयामय
kisa vidhi milūṅ dayāmaya
किस विधि मिलूँ दयामय
kisa vidhi milūṅ dayāmaya
तुमको मैं कुमति
tumako main kumati
ॐ जय जगदीश हरे
om jaya jagadīśa hare

दीनबंधु दुखहर्ता
dīnabandhu dukhahartā
ठाकुर तुम मेरे
ṭhākura tuma mere
स्वामी रक्षक तुम मेरे
swāmī rakṣaka tuma mere
अपने हस्त उठाओ
apane hasta uṭhāo
अपनी शरण लगाओ
apanī śaraṇa lagāo

द्वार पड़ा मैं तेरे
dwāra paṛā mai tere
ॐ जय जगदीश हरे
om jaya jagadīśa hare

विषय विकार मिटाओ
viṣaya vikāra miṭāo
पाप हरो देवा
pāpa haro devā
स्वामी कष्ट हरो देवा
swāmī kaṣṭa haro devā
श्रद्धा भक्ति बढ़ाओ
śraddhā bhakti baṛhāo
श्रद्धा प्रेम बढ़ाओ
śraddhā prema baṛhāo
संतन की सेवा
santana kī sevā
ॐ जय जगदीश हरे
om jaya jagadīśa hare

ॐ जय जगदीश हरे
om jaya jagdīśa hare
स्वामी जय जगदीश हरे
swāmī jaya jagadīśa hare
भक्त जनों के संकट
bhakta janoṅ ke saṅkaṭa
दास जनों के संकट
dāsa janoṅ ke saṅkaṭa
क्षण में दूर करे
kṣaṇa meṅ dūra kare
ॐ जय जगदीश हरे
om jaya jagadīśa hare

श्री राम-स्तुति — śrī rāma-stuti

श्री रामचन्द्र कृपालु भजु मन हरण भवभय दारुणं,
śrī rāmacandra kṛpālu bhaju mana haraṇa bhavabhaya dāruṇaṁ,
नवकंज-लोचन कंज-मुख कर-कंज पद कंजारुणं।[1]
navakaṁja-locana kaṁja-mukha kara-kaṁja pada kaṁjāruṇaṁ.
कंदर्प अगणित अमित छवि नवनील नीरद सुंदरं,
kaṁdarpa agaṇita amita chavi navanīla nīrada suṁdaraṁ,
पट पीत मानहु तड़ित रुचि शुचि नौमि जनक सुतावरं।[2]
paṭa pīta mānahu taṛita ruci śuci naumi janaka sutāvaraṁ.
भजु दीनबंधु दिनेश दानव-दैत्य-वंश निकंदनं,
bhaju dīnabaṁdhu dineśa dānava-daitya-vaṁśa nikaṁdanaṁ,
रघुनंद आनंदकंद कोशलचंद दशरथ नंदनं।[3]
raghunaṁda ānaṁdakaṁda kośalacaṁda daśaratha naṁdanaṁ.
सिर मुकुट कुंडल तिलक चारु उदारु अंग विभूषणं,
sira mukuṭa kuṁḍala tilaka cāru udāru aṁga vibhūṣaṇaṁ,
आजानुभुज शर-चाप-धर संग्राम-जित-खरदूषणं।[4]
ājānubhuja śara-cāpa-dhara saṁgrāma-jita-kharadūṣaṇaṁ.
इति वदति तुलसीदास शंकर-शेष-मुनि-मन-रंजनं,
iti vadati tulasīdāsa śaṁkara-śeṣa-muni-mana-raṁjanaṁ,
मम हृदय कंज निवास करु कामादि खल-दल-गंजनं।[5]
mama hṛdaya kaṁja nivāsa karu kāmādi khala-dala-gaṁjanaṁ.

श्री रामचन्द्र कृपालु भजु मन हरण भवभय दारुणं ...
śrī rāmacandra kṛpālu bhaju mana haraṇa bhavabhaya dāruṇaṁ ...

श्री हनुमान-स्तुति — śrī hanumāna-stuti

मंगल-मूरति मारुत-नंदन, सकल-अमंगल-मूल-निकंदन।[1]
maṁgala-mūrati māruta-naṁdana, sakala-amaṁgala-mūla-nikaṁdana.
पवन-तनय संतन-हितकारी। हृदय विराजत अवध बिहारी।[2]
pavana-tanaya saṁtana-hitakārī, hṛdaya virājata avadha bihārī.
मातु-पिता गुरु गनपति सारद। सिवा-समेत संभु सुक-नारद।[3]
mātu-pitā guru ganapati sārada, sivā-sameta saṁbhu suka-nārada.
चरन बंदि बिनवौं सब काहू। देहु रामपद-नेह-निबाहू।[4]
carana baṁdi binavauṁ saba kāhū, dehu rāmapada-neha-nibāhū.
बंदौं राम-लखन-बैदेही। जे तुलसी के परम सनेही।[5]
baṁdauṁ rāma-lakhana-baidehī, je tulasī ke parama sanehī.

मंगल-मूरति मारुत-नंदन ...
maṁgala-mūrati māruta-naṁdana ...

(तुलसीदास कृत विनय-पत्रिका से – From the Vinay-Patrikā of Goswāmī Tulsīdās)

ABOUT RAMCHARITMANAS AND TULSIDAS

Cheerfully and lovingly recited by all the devotees of Bhagwān Rāma, Rāmcharitmānas, the Epic-of-Rāma, is a veritable fount of Devotion and Wisdom known to dispel away evil and ignorance. Established through all the dominions of earth, this timeless saga of the ancient most Being Rāma has been narrated by many a great Rishīs of past; and once again to trumpet it in the Kali-Yuga, the holy story of Rāma, Lord of Hanumān, has been penned by the wonderful saint Tulsīdās—from a quill fashioned with the very feathers of a Param-Haṁsa, the divine bird of highest discrimination and wisdom—and written dipped in the sweetness of Nectar of Devotion.

Tulsīdās, born in India in the sixteenth century, was an illustrious saint, philosopher, poet, and a supreme devotee of Bhagwān Rāma, the incarnate Supreme Being. He composed many poems in praise of Shrī Rāma, with Rāmcharitmānas being his most celebrated epic. Though he was an eminent Sanskrit scholar he chose to write in Awadhī, the language of the populace, so that all could sing the glories of Lord God Rāma.

The potency and beauty of Tulsīdās' poetry is unparalleled in the history of literature. Rāmcharitmānas, intended as the religious instruction for all—literate or illiterate, even those who have absolutely no knowledge of the Vedas—is the quintessence of Sanātana-Dharma; and the verses of Rāmcharitmānas may be compared to Mantras: containing the gist of the highest truths culled from the Vedas and Purānas.

By churning the wealth that is contained in many religious works and in many discourses based on Dharma, the nectar of Rāmcharitmānas—comprising of the highest knowledge and most sublime devotion—has been raised by Rishi Tulsīdās. As ghee is created from milk for the benefit of a beloved, even so has Rāmcharitmānas been churned out by Tulsīdās for the sake of Rāma Devotees—simply out of compassion and love that only a parent can have for their child. Our repeated obeisance to the parent of every Devotee: Bhakta Shiromanī Param Rāma Bhakta Sant Rishī Tulsīdās Jī.

The Vedas and Purānas are oceans of wisdom; and when the intellect of a seer like Tulsīdās shines upon them, then, seared from its fieriness, some of that sapience evaporates; and further, when those cumulous clouds of profundity condense under the cooling influence of compassion of that saint's lovesome heart, then they pour in as snow upon the sublime heights of Himalayas called the Rāmcharitmānas; and then from those lofty heights, multiple streams of the wonderful confluence of Wisdom and Devotion are seen forevermore in a relentless flow: as the Ganges of Rāma-Kathā, for the thirsting humanity.

Within Rāmcharitmānas, Tulsīdās has caught the essence of the mystic susurrations of Vedic chants; and their ancient rhythm has become woven into a simple rustic poetry in his artful words and deft hands. Verily the bright searing heat from the sun of Vedic wisdom is seen congealed into the cooling beams of full-moon light in Tulsīdās' verses sublime—which bring restful solace to one and all who have read them just but once. And these verses of Rāmcharitmānas—when sung or heard, whether understood or not—when their charming beauty has inundated you with bliss, and when their sound floats away driven by the dictates of the laws of nature—then they do not mingle far but remain suspended in space, clinging around you, and they wrap you in an aura of hushed serenity which carries you on a cloud of calm, through the intensity of entire day.

(Above culled from books in the: **Upanishad Vidya (Know Thyself) Series.** *Authored by:* **Vidya Wati** *)*

Guide to Pronunciation

The following points will prove useful in learning to pronounce Devnāgrī words.

VOWELS

Trans-literation	Devnāgrī Vowel in Standalone-Form	Description	Devnāgrī vowel in Mātrā-Form (examples shown with consonant स)
a	अ	Vowel, short 'a', sounds like the **u** in s**u**m	स
ā	आ	Vowel, long 'a', sounds like the **a** in s**a**ga	सा
i	इ	Vowel, short 'i', sounds like the **i** in s**i**t	सि
ī	ई	Vowel, long 'i', sounds like the **ee** in s**ee**k	सी
u	उ	Vowel, short 'u', sounds like the **u** in s**u**per	सु
ū	ऊ	Vowel, long 'u', sounds like the **oo** in s**oo**t	सू
e	ए	Vowel, short 'ai', sounds like the **ay** in s**ay**	से
ai	ऐ	Vowel, long 'ai', sounds like the **a** in s**a**g	सै
o	ओ	Vowel, short 'o', sounds like the **o** in s**o**ul	सो
au	औ	Vowel, long 'o', sounds like the **aw** in s**aw**	सौ

- Vowels are written in Standalone form, or in Mātrā form with a consonant. Listed above are the 5 main vowels, in their short & long tones. More vowels exist.

- Short vowels (**a, i, u, e, o**) are pronounced a certain way and their long equivalents (**ā, ī, ū, ai, au**) receive additional stress on those short sounds.

- ऋ (ṛ) is another vowel. In Mātrā form it is written as the curve below some constant; e.g. कृ - kṛ ('crunch').

- ṃ ṁ ṁ are modifiers which have the effect of nasalizing the preceding sound.

- ḥ is a vowel modifier: a rough breathing that causes the preceding vowel to echo.

CONSONANTS

For the most part Consonants sound just as in English; but do please be cognizant of the following:

- Devnāgrī Consonants are mostly pronounced with the inherent sound of short **a** at the end*, unless another vowel modifies that sound. e.g. consider म-ma ('m**u**st') versus the vowel modified म-m like: मा-mā ('m**a**rk'), मि-mi ('m**i**ss'), मी-mī ('m**ee**k'), मु-mu ('m**u**dra'), मू-mū ('m**oo**n'), मे-me ('m**ay**'), मै-mai ('m**a**n'), मो-mo ('m**o**re'), मौ-mau ('m**au**l'), मं-maṁ ('m**u**m').

_{*Exception: A Devnāgrī consonant in its pristine form (e.g. म् [in rare use and] which has a diacritic mark) or a half form (e.g. सम्मान) will not have the sound of short vowel 'a' at end.}

- **c** is always pronounced like the **ch** in **ch**uck. _[so then expect words like clear written as klear]
- **ch** may also be approximated to **c** but with added aspiration like in the sneezing sound.
- **d** is soft like in **th**us.
- **ḍ** is hard like in **d**irt.
- **g** is hard like in **g**ranite.
- **ṅ** sounds approx. like the **ng** in hu**ng**.
- **ñ** is the ny sounds like the **ni** in o**ni**on.
- **s** without the diacritic is like the normal **s**, as in **s**um.
- **ś** and **ṣ** have very subtle difference that may be ignored, and can be approximated to the **sh** in **sh**ut.
- **ṭ** is hard like in **t**ough.
- **t** is soft. Difficult to approximate but try saying **th**ird without the h.
- Unlike English, Devnāgrī distinguishes between un-aspirated consonant and aspirated consonants (with a succeeding **h**). So we have **bh, ch, dh, ḍh, gh, jh, kh, ph, th, ṭh** etc.

"A Brief Note" -- reproduced from our book:

Tulsi Ramayana--The Hindu Bible: Ramcharitmanas with English Translation & Transliteration

(8.5" x 11" x 450 pages ISBN: 978-1-945739-01-9 (Paperback)   ISBN: 978-1-945739-03-3 (Hardcover)

Rāmcharitmānas, the scripture studied religiously by millions of Hindus across the world everyday, is a most Holy Writ: blessed, divine, sublime. It is a sanctified scripture rife with its own wonderful intrinsic power that sanctifies; and it is renowned to cure the maladies of body, mind, soul, life. As if possessing some magical attributes, there is something which makes Rāmcharitmānas so charming and profound—but that something has not been discovered even until now.

Of course being the Epic of Lord God Rāma, the appeal, enchantment, and profoundness replete herein, should lend itself to no wonderment; but then again, the charm also results because these divine verses come to us through the medium of a remarkable seer and saint, a supreme devotee of Lord Rāma, a true man of God, an empyreal bard: Sant Tulsīdās.

As you study this holy scripture—also known as the Tulsī Rāmayana—let it be known: The real substance of this book is the original verses of Tulsīdās. Remove them from the book—or ignore them during the reading—and less than one percent of the book will remain; And that is the reason why we have rendered the original Tulsī text into Transliterated form as well: so that the benefits of reading the Tulsī Rāmāyana can be earned in full by one and all.

And although we also give English portrayal of the verses to suggest to the reader what is going on but we consider these to be simply merely hints, and deem them as having little import beyond that. The so-called 'Translation' is not the real deal, if you will, but just a shadowy clue—which is the best that one can do. Yes; to present the work of a literary giant like Tulsīdās, through the medium of Translation, is a most daunting task and we will not even begin to attempt that. We prefer to call this venture not a Translation but simply a decrepit depiction in English words of the Tulsī Rāmāyana.

In the past, numerous great souls have rendered the Rāmcharitmānas into Hindi, English, and various other languages, and we are greatly indebted to all of them—for we have copiously made use of the several existing works to cumulate this work here. All the credit goes only to such noble souls who have written and discoursed upon this great Epic over the years, and only the mistakes originate from me: a little bee floundering, who flew to many beautiful flowers, but being incapable, could not gather the nectar well enough.

Now, without further ado, most humbly, sitting at his blessed feet, this book is placed in the hands of our family deity Shrī Hanumān, the most favorite attendant of Shrī Rāma, and may he do what he pleases with it.

(**Baldev Prasad Saxena** -- Compiler-Translator-Editor of: Tulsi Ramayana--The Hindu Bible)

The Upanishad Vidya Series

Vedas, the ancient most human compositions, end in Vedanta: the "Culmination-of-Vedas". Vedanta—containing the philosophical parts of Vedas—comprises of many Upanishads. Our Upanishad Vidya series gives the 'Gist of Upanishads' in an easy to understand language.

Purling Shadows: And a Dream called Life - Upanishad Vidya (Know Thyself) Author: Vidya Wati.
ISBN: **9781945739231** (Paperback), **9781945739248** (Hardback)

This life is but a dream! In an unbridled setting for fascinating tales spun out by someone wacky and wild, or perhaps like a playful child, and with one huge blue canvas before him and a palette of monstrous colors to the side, this life is but infinite painted dreams—dreams that transcend the ambit of all sane possibilities.

In a vast land of imagery—so beautiful and such carefully wrought—stroking a wonderful complexity of its infinite threads; sinking his finger into them but without truly feeling their touch; with many imagined knots rolled tightly into a ball—but held in a loose clasp; dreaming on and on with his wide lustrous open eyes—languid and yet bright; gazing at an undulating canvas covering the whole of the wall; creating and working to make many things come alive, just so that he can eventually commemorate their deaths—there is this One Insane Being—of incomprehensible merit and wondrous brilliance—and of such an aching consciousness, and a mind full of wistful play. Him—God—who can ever really fully understand?

And when fatigued of some play then, with one soft cold touch of his thought, he just pushes things all aside, making them simply mute, blending them quietly away—a fade out as some would say.

And lies here this pathetic heap, gathered of his broken bits; and he takes a moment to stop and gaze at it; then idly he rearranges it all into a beautiful new artifact—caring not even to add his name upon it, before or after. "To be known, and to propel your name into futurity it's a requisite to write your name upon it"—I shout out to him, but he cares not the least. A Majestic Madman of such divine qualities indeed—now him, who can ever truly understand?

And O, how can I even begin to tell you what I see in his eyes! And at times I too become one with his unhinged cerebrations of the crazed kind—where all things are found simply to shine—even those things that are the most unkind; and where no sighs drift up to us from the woes of the earth below; and where no griefs ever touch us while we are with him there.

RAMA GOD: In The Beginning - Upanishad Vidya (Know Thyself) Author: Vidya Wati.
ISBN: **9781945739217** (Paperback), **9781945739224** (Hardback)

Eastern wisdom—a continual meditation on Life, Death, Self, Immortality—has inspired and puzzled wisdom seekers for ages. Expressing these philosophical, spiritual ideas in poetic words that are simultaneously lucid, and insightful, this book reveals the ultimate reality—taking one on a journey beyond death: to the portals of eternal life. The theme of Vedanta is presented here in an easy to understand language through the lips of Tulsidas, a sixteenth century saint, who is on his travels in a fictional journey through parts of India. This book is the "First Gem" in the continuing "Upanishad Vidya" Series. Here we can hear the audacious voice of the saint go rolling through the multitudes:

"I am. I am the Self—the Self whose essence is the snow-white flux of consciousness. My real nature is pureness without a hint of blemishes. Minus a beginning, minus an end, I am the dominion that ever am; and I am the light that can never be snuffed-out, extinguished. I am the element coalesced from the flux of luminance; and I am the Sun, and the child of Sun—emerged from the womb of endless space. A light-beam torn from the stars, I am the soul upon its circular journey—to the ocean of radiance. Of Rāma, within Rāma—I am the child of blessedness.

Where am I? Where the head is void and quiet the heart reposed; where the world...like a hollow murmur rings; where mute forever abides the voice,—the one that's there, who's still in here: that one is me; O yes, that one's me. *Who am I?* Where joys and sorrows turn back, return ...away; from where every single thought ... ...runs away; that singularity of awareness, the purity of simply being: that one is me; ...yes, that is me.

Motionless below an abeyant arch; where is no sunlight above, and neath, no shadows curve; where no waves of dualities ever swing; the one there alone, who ever sings, —that one is me, ... is me."

Yes—not the cacophonous sounds of shuddering despair and doom; or the grating noise from chains that generations dragged across dark thresholds through chapels of gloom; or the babbling words of hell, satan, sin, and damnation; or a rumpus of the falling ruins rising from the depths of unavailing bleak faith—this was the voice of the Free, the proclamation of the Fearless, the sound that sets one Free.

(Book names may slightly change at time of Release)

Lost Soul - Upanishad Vidya (Know Thyself)	Author: Vidya Wati	Release date: Fall 2018
The Orb - Upanishad Vidya (Know Thyself)	Author: Vidya Wati	Release date: Winter 2018
Fiery Circle - Upanishad Vidya (Know Thyself)	Author: Vidya Wati	Release date: 2019

Thank you and congratulations on possessing this splendid scripture of Goswāmi Tulsīdās.
Help us to reach out to more people. Please consider telling your friends about this Book—or gift them a copy.
And do please leave your ratings/reviews on Amazon and elsewhere to help spread the word. Thank you.

Jaya Hanumān - Jaya Sītā-Rāma

Rama-Hymns: Hanuman-Chalisa, Rama-Raksha-Stotra, Bhushumdi-Ramayana, Nama-Ramayana, Rama-Shata-Nama-Stotra, Rama-Ashtakam and other Hymns, with Devanagari Text, Transliteration & English Translation

Translator: Sushma -- ISBN: 978-1-945739-25-5 (Paperback) -- 6.1" x 9.2" x 104 pages

Devanagari Text, Transliteration & English Translation of Important Hymns on Lord Rama by Tulsidas, and others Ancient Sages of India. Contains: **Hanuman-Chalisa** (40 verses on Hanuman), **Rama-Raksha-Stotra** (Hymn to gain Rama's protection), **Bhushumdi-Ramayana** (Crow's Ramayana), **Nama-Ramayanam** (Ramayana through Names of Rama), **Rama-Shata-Nama-Stotra** (the Auspicious 108 Names of God Rama), **Rama-Shata-Nama-Stotra** (Rama's 108 Names in List-Form) **Rama-Ashtakam** (Octet on Rama), **Rama Stuti** (Praise of Rama), **Hanuman Stuti** (Praise of Hanuman) & others.
(Links to rendition of these Hymns on our website: www.**onlyRama**.com)

श्रीराम-स्तुति . śrī-rāma-stuti

सिर मुकुट कुंडल तिलक चारु उदारु अंग विभूषणं ।
sira mukuṭa kuṁḍala tilaka cāru udāru aṁga vibhūṣaṇaṁ,
आजानुभुज शर-चाप-धर संग्राम-जित-खरदूषणं ।
ājānubhuja śara-cāpa-dhara saṁgrāma-jita-kharadūṣaṇaṁ.

He—whose head bears a crown, with pendants on the ears, a *Tilak* marked on the forehead; whose shapely limbs shine resplendent, whose arms extend down to the knees and wield the arms of bow & arrows, who in battle decimated the demons Khara and Dūshan—chant His Holy-Name: Rāma, the blissly ocean.

श्रीरामरक्षा-स्तोत्र . śrī-rāma-rakṣā-stotra

आत्तसज्जधनुषाविषुस्पृशावक्षयाशुगनिषङ्गसङ्गनौ ।
ātta-sajja-dhanuṣā-viṣu-spṛśā-vakṣay-āśuga-niṣaṅga-saṅganau ,
रक्षणाय मम रामलक्ष्मणावग्रतः पथि सदैव गच्छताम् ॥२०॥
rakṣ-aṇāya mama rāma-lakṣmaṇ-āvagrataḥ pathi sadaiva gacch-atām . 20 .

Accompanying me, with bows pulled and ready, with their hand stroking the arrows, with quivers full of unfailing arms slung on their back—may those wayfarers Rāma and Lakshman always stay in the front as I traverse my way, granting their protection.

śrī-hanumāna-cālīsā

श्रीगुरु चरन सरोज रज निज मन मुकुर सुधारि ।
śrīguru carana saroja raja nija mana mukura sudhāri,
बरनऊँ रघुबर बिमल जस जो दायक फल चारि ॥
baranaūṁ raghubara bimala jasa jo dāyaka phala cāri.

Cleansing the mirror of mind with the dust from the lotus feet of the revered Guru, I sing the unsullied glories of Shrī Rāma—the bestower of four fruits of life.

श्रीनामरामायणम् śrī nāma rāmāyaṇam

-- बालकाण्डः -- bālakāṇḍaḥ --

॥ शुद्धब्रह्मपरात्पर राम ॥
śuddha-brahma-parāt-para rāma .

Behold Rāma—of the nature of pure Braham, who is the Supreme-One, second to none.

श्रीरामाष्टोत्तर-शतनामावलि . śrī-rām-aṣṭottara-śata-nāma-vali

| 25 | ॐ विराधवधपंडिताय नमः
om virādha-vadha-paṁḍit-āya namaḥ | — my obeisance to —
Virādha-Vadha-Paṇḍita – the masterly Destroyer of demon Virādha |
| 26 | ॐ विभीषणपरित्रात्रे नमः
om vibhīṣaṇa-paritr-ātre namaḥ | — my obeisance to —
Vibhīṣaṇa-Paritrātā – Protector of Vibhīshan |

श्रीरामाष्टकम् śrī-rāmāṣṭakam

भजे विशेषसुन्दरं समस्तपापखण्डनम् ।
bhaje viśeṣa-sundaraṁ samasta-pāpa-khaṇḍa-nam ,
स्वभक्तचित्तरञ्जनं सदैव राममद्वयम् ॥ १ ॥
sva-bhakta-citta-rañja-naṁ sa-daiva rāmam-ad-vayam .1.

He, who cuts off all sins, who brings lasting joy to the hearts of His devotees, O mind, dwell upon Him—the supremely beautiful Lord: Shrī Rāma, the One-God second to none.

श्रीरामाष्टोत्तर-शतनाम-स्तोत्रम् . śrī-rām-aṣṭottara-śata-nāma-stotram

पुण्योदयो दयासारः पुराणपुरुषोत्तमः ।
puṇyo-dayo dayā-sāraḥ purāṇa-puruṣ-ottamaḥ ,
स्मितवक्त्रो मिताभाषी पूर्वभाषी च राघवः ॥ १३ ॥
smita-vaktro mitā-bhāṣī pūrva-bhāṣī ca rāghavaḥ .13.

Glory be to Shrī-Rāma, the source of every blessing & good fortune, the embodiment of compassion, the Supreme-Being whose laurels are sung in the Purāṇas—the Lord who speaks smilingly and is reticent and mellifluent, who can tell of things to come, who's the brightest scion of the Raghu dynasty.

śrī-kāka-bhusuṁdi-rāmāyaṇa

नाथ कृतारथ भयउँ मैं तव दरसन खगराज ।
nātha kṛtāratha bhayauṁ maiṁ tava darasana khagarāja,
आयसु देहु सो करौं अब प्रभु आयहु केहि काज ॥६३क॥
āyasu dehu so karauṁ aba prabhu āyahu kehi kāja. 63(ka).

सदा कृतारथ रूप तुम्ह कह मृदु बचन खगेस ।
sadā kṛtāratha rūpa tumha kaha mṛdu bacana khagesa,
जेहि कै अस्तुति सादर निज मुख कीन्हि महेस ॥६३ख॥
jehi kai astuti sādara nija mukha kīnhi mahesa. 63(kha).

[Bhushumdi addressed Garuda:] "I am blest by your sight; and now that I have seen you, O king of birds, please allow me to be of service to you. Pray say—what is the object of your visit, my Lord?" "You have ever been the picture of blessedness," replied Garuda in gracious tones, "seeing that Shiva, with his own mouth, always reverently sings your praise.

carana baṁdi bhuvauṁ saba kahū, dehu rāmapada-nehu tubahū.
बंदउँ राम-लखन-बैदेही । जे तुलसी के परम सनेही ॥
baṁdauṁ rāma-lakhana-baidehī, je tulasī ke parama sanehī.

मंगल-मूरति मारुत-नंदन ... maṁgala-mūrati māruta-naṁdana ...

Venerations to Hanumān, whose Sire is Marut, who is the embodiment of auspiciousness and well-being. Veneration unto him who can dispel all faults, and uproot every sin from the very foundation.

Venerations to the Son-of-Wind, who is a great benefactor of saints, in whose

Some of Our Other Books for You

- **Tulsi Ramayana--The Hindu Bible**: Ramcharitmanas with English Translation & Transliteration
  8.5" x 11" ISBN: 978-1-945739-01-9 (Paperback)   ISBN: 978-1-945739-03-3 (Hardcover)
- **Ramcharitmanas**: Ramayana of Tulsidas with Transliteration
  8.5" x 11" ISBN: 978-1-945739-00-2 (Paperback)   ISBN: 978-1-945739-02-6 (Hardcover)

TULSI RAMAYANA- THE HINDU BIBLE
Original Text + Translation + Transliteration
8.5" x 11".
Font shown is actual size (approx.)

धन्य देस सो जहँ सुरसरी । धन्य नारि पतिब्रता अनुसरी ।
dhanya desa so jahaṁ surasarī, dhanya nāri patibrata anusarī.
धन्य सो भूपु नीति जो करई । धन्य सो द्विज निज धर्म न टरई ॥
dhanya so bhūpu nīti jo karaī, dhanya so dvija nija dharma na taraī.
सो धन धन्य प्रथम गति जाकी । धन्य पुन्य रत मति सोइ पाकी ॥
so dhana dhanya prathama gati jākī, dhanya punya rata mati soi pākī.

RAM- CHARIT- MANAS
Original Text + Transliteration
8.5" x 11".
Font shown is actual size (approx.)

सुंदर मनोहर मंदिरायत अजिर रुचिर फटिक रचे ।
suṁdara manohara maṁdirāyata ajira rucira phaṭika race,
प्रति द्वार द्वार कपाट पुरट बनाइ बहु बजरन्हि खचे ॥
prati dvāra dvāra kapāṭa puraṭa banāi bahu bajaranhi khace.

soraṭhā-doha:

चारु चित्रसाला गृह गृह प्रति लिखे बनाई ।
cāru citrasālā gṛha gṛha prati likhe banāī.

बिनु हरि कृपा न होइ सो गावहिं बेद पुरान ॥ १२५(ख)॥
binu hari kṛpā na hoi so gāvahiṁ beda purāna. 125(kha).

Trans:
After affectionately bowing his head at his feet, Garud proceeded to Vaikunth, with Rāma's image impressed upon his heart. O Girijā, there is no blessing like that of communion with the saints; it is attainable only by Hari's grace so the Vedas and Purāns declare.

ग्यान गिरा गोतीत अज माया मन गुन पारा ।
gyāna girā gotīta aja māyā mana guna pārā,
सोइ सच्चिदानंद घन कर नर चरित उदारा ॥ २५॥
soi saccidānaṁda ghana kara nara carita udāra. 25.

caupāī:

प्रातकाल सरऊ करि मज्जन । बैठहिं सभँ सँग द्विज सज्जन ।
prātakāla saraū kari majjana, baiṭhahiṁ sabhaṁ saṁga dvija sajjana.

Some of Our Other Books for You

- **Ramayana, Large**: Tulsi Ramcharitmanas, Hindi only Edition
  8.5" x 11" ISBN: 978-1-945739-06-4 (Paperback)   ISBN: 978-1-945739-10-1 (Hardcover)
- **Ramayana, Medium**: Tulsi Ramcharitmanas, Hindi only Edition
  8" x 10"   ISBN: 978-1-945739-12-5 (Paperback)   ISBN: 978-1-945739-11-8 (Hardcover)

RAMAYANA, LARGE
Ramcharitmana, Hindi Edition, Large Size
8.5" x 11".
Font shown is actual size (approx.)

RAMAYANA, MEDIUM
Ramcharitmanas, Hindi Edition, Medium Size
8" x 10".
Font shown is actual size (approx.)

Quality T-Shirts, color printed with Book-Cover Art & **Hindu Hymns/Mantras/Verses** (**Hanuman-Chalisa, Sundara-Kanda, Rama-Raksha-Stotra, Nama-Ramayanam, Rama-108-Names, Maha-Mantra, Arati** & many, many more), are now available. www.**e1i1**.com / www.**onlyrama**.com for details.

www.ingramcontent.com/pod-product-compliance
Lightning Source LLC
Chambersburg PA
CBHW021443080526
44588CB00009B/669